W0248591

Et voilà le travail !

Yak Rivais

Et voilà le travail !

Nouveaux contes de la rue Marcel-Aymé
illustrés par l'auteur

Neuf en poche
l'école des loisirs
11, rue de Sèvres, Paris 6e

© 1988, l'école des loisirs, Paris
Composition : Sereg, Paris (Times 13/15)
Dépôt légal : septembre 1993
Imprimé en France par Aubin Imprimeur à Ligugé
N° d'imprimeur : L 43941

Sommaire

J'aime bien rencontrer la vieille dame aux pigeons. Elle connaît mille histoires extraordinaires sur les enfantastiques de l'école Marcel-Aymé.

« Vous en voulez d'autres ? » dit-elle. « Vous avez votre machin-truc-chouette ? (C'est ainsi qu'elle nomme mon magnétophone.) Cachez-le ! Voilà Emmanuel ! »

« Mais... »

« Cachez-le ! Emmanuel commande aux machines ! »

Emmanuel passait : un petit garçon comme les autres, l'air gentil.

« Ne vous y fiez pas ! Regardez le distributeur automatique de bonbons ! »

L'enfant se tenait devant l'appareil. Je l'entendis demander à voix haute :

« Donne-moi un paquet de carambars. »

Et la machine cracha le paquet. L'enfant le prit, s'en alla.

« Et voilà le travail ! » dit la dame aux pigeons. « Il parle aux machines ! L'autre jour, il dictait un devoir à une machine à écrire ! »

« C'est pratique... » murmurai-je.

Mais la vieille dame avait posé sa main sur mon bras pour attirer mon attention sur une espèce de bruit de sabots de chevaux dans la rue voisine : clop-clop-clop. Je vis arriver deux fillettes mignonnes montées sur... des chevaux de bois !

« C'est la petite Emilie avec sa copine Hélène ! » dit la dame aux pigeons. « Elles ont pris les chevaux à la Foire du Trône pour aller se promener ! Les forains ne peuvent rien faire contre elles ! »

Les fillettes passaient tranquillement. Les chevaux dorés montaient et descendaient comme sur un manège. Malgré moi, je pensais au poème de Paul Verlaine : « *Dame, belle dame au pas grave et lent, sur ton fier cheval, sur ton cheval blanc, sans me regarder, tu vas fièrement, une deux* »... Je souriais.

« Vous trouvez ça amusant ? » s'écria la vieille dame aux pigeons. « Si ça continue, elles se promèneront sur les chevaux de pierre des statues ! Et alors ? Où donc les pigeons se poseront-ils ? »

« Ma foi... » dis-je avec embarras.

Mais la dame aux pigeons me reprit le bras :

« C'est le moment de brancher votre machin-truc-chouette ! Je vois Julie qui s'amène ! »

« Et que sait-elle faire ? » demandai-je en fourrant une cassette dans mon magnétophone.

« Elle chante ! Vous allez m'en dire des nouvelles ! »

La fillette croquait une tartine noire. Quand elle fut plus près, je réalisai brusquement qu'elle mangeait... un disque !

« Qu'est-ce que tu dégustes, aujourd'hui, ma cocotte ? » demanda la dame aux pigeons.

« La Ve symphonie de Beethoven », répondit l'enfant. « J'ai presque fini. Encore une bouchée ! Hop ! Et voilà le travail ! »

Elle essuya ses lèvres et s'éloigna en chantant la

V^e symphonie de Beethoven : on entendait tous les instruments de l'orchestre ! C'était formidable !

« Son père fait des disques, vous comprenez », me dit la vieille dame. « Est-ce que ça vous plairait que je vous raconte l'histoire de Roumyana qui changeait les garçons en filles et inversement ? »

« Je veux bien ! »

« Et puis non ! Je vais commencer par celle d'Alice ! Branchez votre machin-truc-chouette ! Ça y est ? Ecoutez... »

L'enfant qui déplaçait son immeuble

Penchée à la fenêtre de l'immeuble rue Marcel-Aymé, Alice-la-Grande regardait tristement le paysage. En bas, une petite cour grise où le concierge rangeait les poubelles. En face et autour, d'autres immeubles. Alice soupira :

« Ce que c'est laid ! »

Elle fut surprise d'entendre un grondement lui répondre. Cela ressemblait à un raclement de pierres :

« C'est bien vRRRRai ! »

Alice tourna la tête, releva la tête, baissa la tête : on aurait dit une autruche en train d'avaler un réveille-matin.

« Qui parle ? » demanda-t-elle.

« Moi, RRRRigolote ! » répondit la voix bizarre.

« Qui, *moi* ? » demanda Alice.

« Moi l'immeuble, RRRRigolote ! » répondit la voix caverneuse.

« Quel immeuble ? » dit Alice d'un air égaré.

« Le tien, RRRRigolote ! »

Alice pinça les lèvres. Si quelqu'un se moquait d'elle, il allait passer un mauvais quart d'heure. La fillette inspecta soigneusement les alentours, fit de nouveau l'autruche, vérifia même qu'il n'y avait personne dans l'appartement. Mais non. Le père et la mère étaient sortis.

« Il n'y a personne », dit Alice.

« Evidemment qu'il n'y a peRRRRsonne ! » ricana la grosse voix. « Je te dis que c'est moi qui parle, RRRRigolote ! »

Alice se fâcha :

« Je ne suis pas une RRRRigolote ! Espèce de RRRRigolo ! »

La voix éclata de rire : « Ah ! Ah ! Ah ! »

« D'abord, où es-tu ? » demanda Alice-la-Grande.

« Je suis là ! Ah ! Ah ! Ah ! C'est toi qui es dans mon ventRRRRe ! »

Mais Alice demeurait méfiante :

« Un immeuble, ça ne parle pas. »

« D'accord ! » fit l'immeuble. « Dans ce cas, je ne te RRRRéponds plus ! »

« Attends ! »

La fillette réfléchissait. Un immeuble ne parle pas. C'est prouvé. Mais si cet immeuble faisait exception, autant ne pas lui couper la parole. Question de politesse.

« Je veux bien croire que tu es mon immeuble », dit Alice.

« Tant mieux ! Je n'aime pas qu'on me prenne pour un autRRRRe ! »

« Qu'est-ce que tu disais tout à l'heure ? »

« La même chose que toi, RRRRigolote ! »

« Oui, mais quoi ? »

« Que le paysage est laid et que j'aimerais moi aussi voir autre chose que des muRRRRs ! »

Alice était pensive :

« Si tu peux parler, pourquoi ne te plains-tu pas ? »

L'immeuble soupira :

« Quand je me plains, personne n'écoute ! Les gens croient que c'est le vent dans la cheminée, ou le tonnerre ! Certains même s'imaginent entendre des fantômes ! Tu paRRRRles ! »

Il soupira de nouveau, plus fort que la première fois :

« Si seulement on voulait m'aider à partiRRRR ! »

« Où ? » demanda Alice.

« Ailleurs ! » s'écria l'immeuble agacé. « J'irais m'installer devant un décor plus agRRRRéable ! »

« Où ? »

« N'importe où ! J'en ai marre de regarder l'immeuble d'en face et sa figure gRRRRise ! »

« Si tu cRRRRois que ça m'enchante de reluquer la tienne, tu te tRRRRompes ! » fit alors une seconde voix caverneuse, qu'Alice n'avait pas encore entendue.

« Hé ? » fit-elle. « Qui est-ce qui a parlé, cette fois ? »

« Moi ! L'immeuble d'en face, péRRRRonnelle ! »

« Je ne suis pas une péronnelle ! » s'écria Alice. « Et d'abord ? Vous ! Vous bouchez le paysage ! Vous êtes un gêneur ! »

« Ce n'est pas vrai ! » protesta l'immeuble d'en face. « Et je le pRRRRouve ! C'est moi qui fus construit le premier du quartier ! Quand je suis arrivé, il n'y avait peRRRRsonne ! Je pouvais admirer le Panthéon, la Sorbonne, le Jardin des

Plantes, et même la Seine au loin ! Mais les architectes ont bâti d'autres immeubles autour de moi, et des tas d'humains s'y sont installés ! Et finie la tRRRRanquillité ! Finie la belle vue, je ne vois plus RRRRien ! »

« C'est la faute aux architectes ! » ajouta l'immeuble d'Alice. « On devrait les emmurer dans les bâtiments qu'ils constRRRRuisent ! »

« Holà ! » protesta Alice. « N'exagérons pas ! Beaucoup d'architectes font ce qu'ils peuvent ! »

« Mais regarde où ils nous plantent, RRRRigolote ! » répliqua l'immeuble d'Alice. « Au milieu des RRRRues ! »

« Au lieu de nous mettre à la campagne, où les habitants seraient heuRRRReux ! » soupira l'immeuble d'en face.

« Si seulement on pouvait s'y rendRRRRe ! » dit l'immeuble d'Alice.

« Ce serait formidable ! » applaudit la fillette. « Je verrais un beau paysage vert en ouvrant la fenêtre le matin ! Mais c'est impossible ! »

Les immeubles ne répondirent pas. Alice s'étonna de leur silence : « Pourquoi ne répondez-vous plus ? Vous boudez ? »

« C'est que... » grommela l'immeuble d'Alice avec embarras... « Il existe une possibilité... Mais... A vrai diRRRRe... Nous... »

« Une possibilité ? » fit Alice. « Laquelle ? »

« Eh bien... Ça ne s'est jamais fait, tu compRRRRends ? »

« Parle ! » exigea Alice.

Quand elle prenait sa petite voix pointue en relevant la tête, personne n'osait lui résister.

« Je pourrais », dit l'immeuble, « partiRRR, si... »

« Si quoi ? Parle ! »

« Si tu arrosais bien le bas de mes muRRRRs ! » acheva l'immeuble. « Comme ça, je pourrais retirer mes pieds du sol où ils sont enteRRRRés. Mais il faudrait m'arroser, m'arroser, m'arroser, jusqu'à ce que la terre qui m'entoure soit devenue de la boue. Pour me faciliter le travail. Tu comprends, RRRRigolote ? »

« Quel travail ? »

L'immeuble fit entendre un grondement d'exaspération :

« Arrête de me poser des questions, RRRRigolote ! »

Alice pinçait les lèvres.

« Est-ce que tu veux dire », fit-elle, « que si j'arrose le bas de tes murs, tu pourras les sortir de terre ? »

« Eh bien oui ! »

« Est-ce possible ? » demanda Alice à l'immeuble d'en face qui ne disait rien.

« Oui », répondit l'immeuble. « Mais je pense que nous n'aurions jamais dû te confier ce secRRRRet, parce que ce n'est pas une chose à faiRRRRe ! Si jamais ton immeuble déménage, les habitants ne s'y retrouveRRRRont pas ! »

« On s'en fout ! » dit Alice-la-Grande.

C'était sans discussion. Elle rentra dans l'appartement, dévala l'escalier et salua le concierge :

« Bonjour ! Est-ce que je peux arroser les fleurs ? »

Une trentaine de fleurs maigrelettes poussaient au pied de l'immeuble.

« Bonne idée ! » approuva le concierge.

Il brancha le tuyau d'arrosage et regagna sa loge. Et Alice se mit à l'ouvrage. Mais au lieu d'arroser les plantes, elle arrosait le pied des murs de l'immeuble au ras du sol, à l'endroit où ils sortaient de terre. L'immeuble soupirait d'aise :

« Ça fait du bien ! C'est comme si on desserrait les élastiques de mes chaussettes ! Continue, RRRRigolote ! »

Et Alice arrosait. Une gadoue marron se formait au pied des murs. La terre s'amollissait. L'immeuble ronronnait de joie :

« C'est comme si on délaçait mes gros godillots ! Quel bonheuRRRR ! »

Alice continuait. La gadoue marron cernait l'immeuble comme autrefois les fossés d'un château fort. L'immeuble fredonnait :

« Il y a de la joie ! Je sens mes orteils qui RRRRemuent ! »

Alice arrosait, arrosait. Soudain, on entendit un grondement : BRRAAMM ! Des gens apparurent aux fenêtres. Ils scrutaient le ciel :

« Il va y avoir de l'orage ! » dit une dame.

« Inutile d'arroser les fleurs », dit une autre, « car il va pleuvoir ! »

Mais Alice ne répondit pas, et elle continua d'arroser. Le grondement, elle avait deviné qu'il était produit par l'immeuble: celui-ci s'était mis à remuer ses pieds. Un nouveau grondement se fit entendre, plus fort que le précédent: BRRRAAAMMM! Il fut aussitôt suivi d'un cri aigu poussé par les habitants de l'immeuble! Les murs avaient tremblé! Les gens étaient aux fenêtres et hurlaient:

« Un tremblement de terre! »

Alice continuait l'arrosage. La gadoue brune était devenue si molle qu'elle coulait dans les caniveaux de la rue Marcel-Aymé. L'immeuble soupira:

« Arrose, RRRRigolote! Je vais bientôt sortir de mes chaussuRRRRes! »

Et Alice arrosa. Un troisième grondement retentit: BRRRRAAAAMMMM! Cette fois, l'immeuble arracha un pied du sol avec une exclamation triomphale! Il le souleva bien haut et le reposa plus loin, sur le goudron. Puis il prit appui dessus et se redressa. Il décolla l'autre pied et sortit complètement de ses fondations. Les gens affolés couraient dans les escaliers pour s'enfuir. Mais quand ils atteignirent la porte, ils furent bien contrariés, car le bâtiment s'était soulevé au-dessus du sol de toute la hauteur de ses caves, si bien que la sortie était à cinq mètres sous eux. Les pauvres appelaient à l'aide. Alice les rassura: « Ce n'est rien! Rentrez chez vous! On va faire un tour! »

Les automobilistes ne pouvaient même plus circuler. Alice leur fit signe de reculer :

« Faites place ! L'immeuble déménage ! »

Elle abandonna le tuyau d'arrosage. Les gens aux fenêtres la regardaient d'un air incrédule :

« Notre immeuble s'en va ? » disaient-ils. « Où va-t-il ? »

« C'est vRRRRai, ça ! » approuva l'immeuble. « Tu ne m'as pas dit où tu souhaitais aller, RRRRigolote ? »

« Au bord de la Seine ! » dit Alice.

« Bonne idée ! On regardera passer les naviRRRRes ! »

« Suis-moi, RRRRigolo ! »

L'enfant partit devant. En se dandinant comme un dinosaure, l'immeuble se mit à marcher dans les rues. Il faisait un vacarme épouvantable à chaque pas : BRRRRAAAAMMMM-BRRRRAAAAMMMM-BRRRRAAAAMMMM ! Les automobiles fuyaient devant lui comme des puces et se réfugiaient dans les ruelles. Mais la fillette trottait devant l'immeuble en chantant, et le grand bâtiment la suivait. Ses habitants, paniqués, s'accrochaient aux fenêtres en claquant des dents. L'immeuble se dandinait, raide mais content. Il chantait avec Alice. Sa grosse voix de pierre dominait la voix fluette de l'enfant :

« Un kilomètRRRRe à pied, ça use, ça use,
Un kilomètRRRRe à pied, ça use les souliers ! »

Ça usait aussi la chaussée, car partout où l'immeuble posait ses murs, il laissait de profondes tranchées qui bloquaient la circulation. Le bâtiment ne s'en souciait pas. Il poursuivait sa progression : BRRRRAAAAMMMM tout raide et penché à gauche, BRRRRAAAAMMMM tout raide et penché à droite. Les habitants, agrippés aux appuis des fenêtres, se plaignaient d'avoir le mal de mer. Quelquefois, certains lâchaient prise et roulaient cul par-dessus tête dans leurs appartements. Ils revenaient vite aux fenêtres battantes. L'immeuble, euphorique, déclamait à voix haute des poèmes de sa composition :

« Je suis heuRRRReux, je le proclame !
Je vois les touRRRRs de NotRRRRe-Dame ! »

Il obliqua le long des quais de la Seine, contourna le musée d'Orsay en criant à tue-tête :

« J'aimeRRRRais aller au musée,
CaRRRR j'aime beaucoup m'amuser ! »

Mais Alice l'en dissuada. Elle pensait que ce gros balourd n'entrerait jamais dans le musée, et qu'il risquait d'endommager les collections de peintures.

« Ne perdons pas de temps ! » disait-elle.

Ils longeaient la Seine. Le bâtiment reluquait les péniches :

« Comme c'est beau ! » s'émerveillait-il. « J'aime ce paysage ! Est-ce qu'on s'y arrête, RRRRigolote ? »

« Non ! Plus loin ! Nous allons à la Tour Eiffel ! »

« C'est quoi, la TouRRRR Eiffel ? »

« C'est la plus haute tour de Paris. »

« C'est affRRRReux, les touRRRRs ! » ronchonnait l'immeuble. « Pouah ! »

« Celle-là est superbe ! On l'admire dans le monde entier ! »

« J'aimerais mieux regarder les péniches sur cette belle rivièRRRRe ! » protestait l'immeuble.

« Tu les verras aussi ! »

« Ah bon ! »

Soudain, au détour de la route, la haute silhouette fine et ajourée de la Tour Eiffel se profila sur le ciel bleu. L'immeuble poussa un cri d'admiration à sa vue :

« Ah ! C'est splendide ! Je veux qu'on s'arrête là ! C'est sûrement plus beau que cette TouRRRR Eiffel où tu veux me conduiRRRRe ! »

« Justement, c'est la Tour Eiffel ! » dit Alice en éclatant de rire.

Alors, l'immeuble se mit à rire avec elle. Il grondait comme une rame de métro dans son souterrain. Il chantait :

« La TouRRRR Eiffel est la plus belle !
Je vais m'installer aupRRRRès d'elle ! »

« Amène-toi ! » dit Alice.

Elle guidait la manœuvre. L'immeuble se rangea au bord de la Seine, à cent pas de la Tour. La fillette vérifiait soigneusement son orientation :

« Parfait ! » disait-elle. « De la fenêtre de la cuisine, je pourrai voir le Trocadéro et ses fontaines. De la fenêtre de ma chambre, je regarderai la Tour Eiffel. Et des fenêtres du salon, je verrai passer les péniches sur la Seine. Maintenant, tu peux t'asseoir ! »

L'immeuble s'affaissa docilement à la manière d'un gigantesque chameau. Avec ses pieds de pierre, il creusa ses fondations nouvelles comme un chien qui déterre un os. Quand elles furent suffisamment profondes, il s'y enfonça, et n'en bougea plus. Les habitants sortirent sur l'esplanade avec des yeux hagards. Ils n'étaient pas blessés, mais les fils du téléphone avaient été arrachés, et les fils électriques aussi. Les conduites d'eau et de gaz avaient été crevées, et crevés aussi les tuyaux d'évacuation d'eaux usées vers l'égout. Tout cela était réparable. Les gens se frottaient les yeux en contemplant le décor :

« Mais ? » bredouillaient-ils. « Où sommes-nous ? Que s'est-il passé ? C'est la Tour Eiffel ? »

« Ce n'est rien », expliquait Alice. « Comme vous le savez, la Terre tourne. Et elle a tourné. On s'est installés près de la Tour Eiffel quand elle est passée devant chez nous. Et voilà le travail ! »

Les gens n'en revenaient pas. Les autos de police et les camions de pompiers arrivaient en retard en faisant hurler les sirènes. Les trous creusés dans la chaussée par les murs de l'immeuble les avaient obligés à faire cent détours. Les pompiers essayèrent de repousser l'immeuble – sans y parvenir. Les agents de police empêchaient les badauds d'approcher :

« Circulez ! Il n'y a rien à voir ! »

Mais les touristes protestaient que si, et qu'ils étaient venus du bout du monde pour voir la célèbre tour et la photographier. Le service d'ordre fut débordé ; il abandonna la partie. Les pompiers renoncèrent à la lutte également, car l'immeuble ne bougeait plus. Le géant de pierre s'était assis et il savourait le paysage. A vrai dire, il était plutôt fatigué, et il somnolait.

Alice rentra dedans. Elle gagna l'appartement et s'accouda à la fenêtre. La nuit tombait, bleutée, avec des milliers d'étoiles brillantes. La Tour Eiffel s'illumina, jaune comme un bijou d'or. Elle se reflétait sur les eaux plombées de la Seine où glissaient les bateaux-mouches. Alice se frotta les mains de satisfaction. Elle murmura :

« On s'installe ici jusqu'en juin. Après, on ira voir la mer. »

L'immeuble ne lui répondit pas. Il ronflait déjà comme un bienheureux.

L'enfant qui avait vu le Père Noël

C'était le mois d'octobre et la classe travaillait. Soudain, une dispute éclata.

« Je te dis que je l'ai vu ! » s'écriait Cyril.

« Mon œil ! » ripostait Emmanuel.

Le maître intervint : « Que se passe-t-il ? »

« C'est Cyril ! » expliqua Baptiste. « Il dit qu'il a vu le Père Noël ! »

« Oui, je l'ai vu ! Parfaitement ! »

Les autres riaient.

« Personne ne peut voir le Père Noël ! » déclara Laurent-le-Malin (qu'il ne faut pas confondre avec Laurent-des-Antilles).

« Forcément ! » ricana Matthieu. « Le Père Noël, c'est les parents ! »

Le maître était embarrassé :

« Heu... », dit-il. « Certains y croient, d'autres n'y croient pas... »

« Moi je l'ai vu ! » répéta Cyril.

« Quand ? » demanda Patrick. « Et où ? »

« Hier soir, rue Marcel-Aymé. »

« En plein mois d'octobre ! Mon œil ! » s'écria Emmanuel.

« Parfaitement ! »

« Et comment que tu sais que c'était le Père Noël ? » demanda Marion-la-Finaude (qu'on appelait ainsi pour la différencier de Marion-la-Mignonne).

« Parce qu'il me l'a dit ! »

« Et comment était-il ? » demanda Sébastien. « Tout en rouge ? »

« Il portait une houppelande jaune », dit Cyril.

La classe éclata de rire. Tout le monde savait que le Père Noël porte une houppelande rouge. Pas une jaune.

« C'est quelqu'un qui s'est moqué de toi ! » dit Hélène.

« C'était de la publicité pour un pot de moutarde ! » fit Benjamin, à la grande joie de ses camarades.

Mais Cyril s'impatientait :

« Non ! Il m'a dit qu'il était le Père Noël ! Même qu'il avait une barbe noire ! »

La classe explosa de rire : « Hi ! Hi ! Hi ! Une barbe noire ! Ha ! Ha ! Ha ! »

« Pourquoi pas Barbe-Bleue ? » dit finement Hadrien.

« Ou une barbe-à-papa ! » lança Benjamin.

Nouveaux éclats de rire.

« Je l'ai vu ! » insistait Cyril. « Il avait des bottes bleues et un sac à dos ! »

« Mais c'est impossible ! » s'écria Charlotte en se fâchant. « Le Père Noël porte une hotte ! Pas un sac à dos ! Tout le monde sait ça ! »

« Et comment le sais-tu ? » riposta Cyril.

« Comme ça ! »

« Tout le monde sait que le Père Noël a une houppelande rouge, une hotte et une barbe blanche ! » confirma Sandra.

« Et comment le sais-tu ? » répliqua Cyril en se tournant vers Sandra. « Est-ce que tu l'as vu ? »

« Ce sont nos parents qui nous l'ont dit ! » répondit Laurent-des-Antilles.

« Et comment le savent-ils ? » poursuivit Cyril. « Est-ce qu'ils ont vu le Père Noël ? »

« Ce sont leurs parents qui le leur ont appris ! » intervint Patrick.

« Parce que tu crois que leurs parents l'avaient vu ? » raisonna Cyril.

« Non. Mais c'étaient les parents de leurs parents qui le leur... »

Cyril lui coupa la parole :

« Et avant cela ? »

« Avant cela, heu... je suppose que c'étaient les parents des parents de leurs parents qui... heu... »

Patrick était coincé. Il cherchait de l'aide. Tout le monde était de son avis, mais personne n'avait d'arguments. Cyril triompha :

« Tout le monde prétend que le Père Noël est habillé de rouge avec une barbe blanche, mais personne ne l'a jamais vu ! »

« Forcément, s'il n'existe pas ! » murmura Emilie.

« Il existe ! Je l'ai vu hier soir ! » affirma Cyril.

Les autres haussaient les épaules et ricanaient. Le maître demanda : « Quelle heure était-il ? »

« A peu près huit heures. Je suis sorti vider la poubelle, et j'ai rencontré le Père Noël. »

« Avec son traîneau et ses rennes ? » fit Hélène d'un air sceptique.

« Il n'avait pas de traîneau. Il n'y a pas de neige en octobre ! »

« Qu'avait-il, alors ? » dit Alice-la-Grande. « Un vélomoteur ? »

« Un chariot ! »

Eclat de rire moqueur dans la classe. Cyril s'énervait : « C'est la vérité ! Même que le chariot était tiré par un éléphant ! »

Nouvel éclat de rire, énorme cette fois. Anne-Lise se leva, demanda si elle pouvait aller faire pipi. Elle sortit. Mais à peine était-elle sortie qu'elle revint à reculons. Elle ne riait plus et désignait silencieusement quelque chose (ou quelqu'un, on ne savait pas encore) dans le couloir.

« Qu'y a-t-il ? » demanda le maître.

« C'est... » dit Anne-Lise en rentrant à reculons dans la classe.

Un vieux petit bonhomme la suivait. Il était habillé d'une houppelande jaune sale et portait des bottes bleues et un sac à dos. Sa barbe était brune. Les élèves poussèrent une exclamation de surprise. Mais comme ils étaient polis (quelquefois), ils se levèrent pour saluer l'inconnu que Cyril reconnut aussitôt :

« C'est lui ! C'est le Père Noël ! »

Le vieillard était essoufflé d'avoir monté l'escalier qui menait à la salle de classe. Il serra la main de M. Lebois, l'instituteur.

« Que puis-je faire pour vous, monsieur ? » demanda M. Lebois, en présentant une chaise au bonhomme ridé. « Voulez-vous vous asseoir ? »

« Merci bien ! Je suis si fatigué ! »

Les élèves se taisaient, attentifs. Le vieillard soupira : « Avez-vous entendu parler du Père Noël, mes enfants ? »

« Oui ! »

« C'est moi. »

Grand silence. Le bonhomme hochait la tête :

« Je vois que vous êtes étonnés. Depuis le temps qu'on vous fait croire à ma barbe blanche et à ma houppelande rouge ! Depuis le temps qu'on vous trompe ! Depuis le temps qu'on trompe vos parents, les parents de vos parents, et les parents des parents de vos parents ! Etc. ! Etc. ! »

« Mais ? » murmura le maître pendant que le vieillard soupirait. « Vous possédez bien un traîneau remorqué par des rennes ? »

« Autrefois, oui ! Maintenant, c'est un éléphant qui tire mon chariot. Si j'avais de l'argent, j'achèterais un camion ! »

Les enfants étaient consternés. Le vieil homme les considérait avec sympathie :

« Je vois que vous êtes déçus, mes mignons », dit-il. « Mais la vérité est la vérité. »

« Pourquoi que les gens disent que vous êtes autrement, alors ? » demanda Laurent-le-Malin, soutenu par un long murmure de la classe. (Quelle belle forme interrogative !)

« C'est une vieille histoire », répondit le bonhomme. « Figurez-vous que tous les 500 ans je dois faire un sondage auprès des populations de la Terre. »

Les élèves écarquillaient les yeux sans comprendre.

« Voulez-vous dire », demanda le maître doucement au vieillard, « que vous ne vous montrez à des gens que tous les 500 ans ? »

« C'est cela ! La dernière fois que je me suis montré à Paris, c'était vers les années 1490, quelque chose comme ça. »

« Juste avant la découverte de l'Amérique ! » dit Emilie.

« En effet. Sauf que la découverte de l'Amérique ne fut pas une bonne chose pour moi, voyez-vous, car j'ai deux fois plus de travail qu'avant ! »

Le bonhomme soupira, agita la main :

« La dernière fois que je me suis montré, j'étais vêtu de rouge. Ceux qui m'ont vu l'ont répété aux autres. Et depuis ce temps-là, tout le monde raconte que je porte une houppelande rouge. »

« Vous aviez une hotte ? » vérifia Julie.

« Oui. On n'avait pas encore inventé le sac à dos. Mais le sac à dos est plus pratique, si vous voulez mon avis. »

« Et vous aviez des rennes ? » murmura Jennifer.

« Exact ! Mais depuis le début du XXe siècle, je travaille aussi en Afrique. J'ai acheté un éléphant, qui est bien plus fort que les rennes. Et si j'étais riche aujourd'hui, j'achèterais un camion. Ou un hélicoptère. Il faut vivre avec son temps, saperlipopette ! »

« Mais pourquoi n'êtes-vous plus en rouge ? » dit

Alice-la-Coquette. (Qu'il ne faut pas prendre pour Alice-la-Grande.)

« Dis donc, ma jolie ! » fit le vieillard un peu vexé. « As-tu déjà porté le même vêtement pendant 500 ans ? »

« Heu... non. »

« Ça se voit ! Si tu l'avais porté, tu saurais qu'il tombe en haillons ! Voilà pourquoi j'en ai changé. Celui que je porte à présent était d'un beau brun, au début. Mais il a jauni à cause de la neige et de la pluie. Il faudra que j'en change encore. J'ai envie de m'en faire un vert. »

« Mais votre barbe ? » fit remarquer Marion-la-Finaude. « Elle n'est pas devenue brune en vieillissant ou à cause de la neige ! »

Le bonhomme souriait : « C'est encore plus simple : je ne porte plus de barbe depuis belle lurette ! »

En disant ces mots, il tira sur les poils et les décolla : c'était une fausse barbe ! Le Père Noël riait, il était plus ridé qu'une pomme blette :

« Hi ! Hi ! Hi ! Je me suis acheté une fausse barbe blanche, mais elle s'est encrassée ! Ha ! Ha ! Ha ! C'était de la camelote ! »

Les enfants étaient un peu tristes. Le vieillard fourra sa fausse barbe sale dans son sac à dos.

« Au fond », dit-il, « je fais plus jeune sans barbe. Je l'aime bien quand même parce qu'elle me tient chaud l'hiver. »

« Mais ? » se renseigna Sandra tout à coup car

elle était inquiète. « C'est bien vous qui nous apportez des jouets à Noël ? »

« Oui ! »

« Pourquoi venez-vous au mois d'octobre, alors ? »

Le vieillard agita l'index de la main droite en l'air avant de répondre :

« Je suis venu faire mon sondage ! »

Il tira de sa poche un rouleau de parchemin très ancien.

« Tous les 500 ans, je suis bien obligé de me montrer, mais je n'ai pas toujours la même apparence. Il y a 1000 ans, j'étais vêtu de bleu. Il y a 500 ans, j'étais tout en rouge. Aujourd'hui, vous me voyez en jaune. Mais je reste le Père Noël. Et j'ai des questions à poser aux enfants pour savoir si je continue mon œuvre. Comme je ne peux pas les voir tous, j'en choisis quelques-uns que j'interroge. C'est vous que j'ai choisis cette fois-ci. »

Les enfants étaient attentifs. Ils sentaient qu'une grande responsabilité leur était confiée. Sonia leva le doigt :

« Est-ce que vous voulez dire que nous allons répondre aux questions pour TOUS les enfants du monde ? »

« C'est cela, ma mignonne ! C'est un sondage : on interroge quelques personnes, et on fait comme si leur réponse était celle de tous. »

Les enfants avaient un peu peur. Laurent-le-Malin fit entendre un petit sifflement.

« Je commence », dit le Père Noël. « Si vous êtes d'accord pour que je poursuive mon œuvre, je continuerai d'apporter des jouets. Mais si vous me trouvez trop âgé, je serai forcé de prendre ma retraite. »

Silence. Les enfants se dévisageaient avec inquiétude.

« On n'aura plus de jouets si tu prends ta retraite ? » s'affola Jennifer. (Elle tutoyait le Père Noël, mais il ne s'en offensa pas.)

« Si », dit-il, « vous aurez des jouets. C'est un Père Noël plus jeune qui me remplacera. Il lui faudra le temps de s'adapter, le temps d'apprendre le métier, de retenir les noms de tous les enfants du monde, et leurs adresses. C'est l'affaire d'une centaine d'années. »

Les enfants ne purent retenir un cri d'effroi :

« Une centaine d'années ! Sans jouets ! »

« Peut-être un peu plus », admit le vieux bonhomme.

Il déroula son parchemin :

« Je vais vous poser mes questions. Vous y êtes ? Bon. QUESTION NUMÉRO UN : ÊTES-VOUS SATISFAITS DU PÈRE NOËL ACTUEL ? Répondez par OUI ou par NON. »

« Oui ! Oui ! Oui ! » crièrent les enfants unanimes.

Le Père Noël fit une croix au stylo dans la case OUI. Il reprit sa lecture :

« QUESTION NUMÉRO DEUX : LE PÈRE NOËL ACTUEL DOIT-IL PRENDRE SA

RETRAITE ET SE FAIRE REMPLACER PAR UN PLUS JEUNE?»

«Non! Non! Non!» crièrent les enfants.

Le bonhomme cocha la case NON.

«QUESTION NUMÉRO TROIS: LE PÈRE NOËL ACTUEL DOIT-IL POURSUIVRE SON OEUVRE?»

«Oui! Oui!» hurlèrent les élèves avec un ensemble parfait.

Le vieillard cocha la case OUI. Puis il enroula son parchemin et le fourra dans sa poche. Il avait l'air content.

«Nous voilà tranquilles pour 500 ans!» dit-il. «J'aurai peut-être un manteau violet à cette époque-là!»

500 ans! Les enfants, impressionnés, regardaient le bonhomme étrange se lever et serrer la main de M. Lebois, l'instituteur. Ils se levèrent précipitamment eux aussi pour saluer son départ. Le Père Noël se retourna au moment de sortir:

«Et n'oubliez pas d'avertir les gens que j'ai changé mon look»! dit-il en se servant d'une expression à la mode.

Il se retira. Les enfants demeuraient pensifs. Soudain, Sandra poussa un cri:

«Le voilà!»

Elle avait regardé par la fenêtre. Le Père Noël venait d'apparaître dans la cour de récréation, deux étages plus bas. Les élèves bondirent aux fenêtres. Ils virent leur visiteur se diriger vers un grand chariot à roues, attelé d'un éléphant. Le Père Noël monta dans le chariot. Alors les enfants se mirent à crier en agitant la main. Ils faisaient une ovation au vieux petit père ridé qui, depuis des siècles, en dépit des difficultés, continue d'apporter un peu de joie aux enfants du monde. En réponse, le vieillard agita sa main vers les fenêtres. On voyait qu'il était ému, car il essuya son œil avec la manche de sa houppelande jaune. Puis il fit claquer sa langue, et l'éléphant se mit en marche. Le chariot disparut rue Marcel-Aymé. Si vous venez visiter le quartier dans cinq siècles, vous le reverrez certainement. A moins que ce ne soit une soucoupe volante.

L'enfant démontable

Romuald était allé se laver.

« Quel ennui ! » se plaignait-il en se déshabillant dans la salle de bains. « Il va falloir se mouiller partout, savonner, rincer. Si seulement on pouvait se démonter ! On prendrait sa main, son pied ou sa tête, et on les laverait dans le lavabo comme une paire de chaussettes ! On gagnerait du temps ! »

Tandis qu'il se lamentait ainsi, sa main gauche avait attrapé sa main droite, et devinez ce qui arriva ? La main gauche resta dans la main droite ! Oui monsieur ! Comme un gant ! Romuald se mit à rire :

« Saperlipopette ! Hi ! Hi ! Hi ! »

Il laissa tomber sa main gauche dans l'eau de la baignoire, mais poussa un petit cri parce que l'eau était trop chaude. Vite, il ouvrit à fond le robinet d'eau froide avec sa main droite. Peu à peu, l'eau de la baignoire tiédit. L'enfant retrouva son sourire. Et comme il avait un petit tempérament logique et déductif, il se mit à raisonner à voix haute comme ceci :

« *Première observation : Une main détachée du bonhomme peut avoir aussi chaud ou froid que le bonhomme. Deuxième observation : Si la main détachée a trop chaud ou trop froid, alors c'est le bonhomme qui a mal !* »

Il ferma le robinet d'eau froide. Il contemplait sa main tombée au fond de l'eau claire.

« Je me demande si je peux la bouger ! » murmura-t-il.

Il concentra sa volonté. Et voilà que la main trotta au fond de la baignoire ; on aurait dit une langoustine. Romuald riait. Mais, comme il avait un petit tempérament logique et déductif, il fit une nouvelle remarque à voix haute :

« *Troisième observation : Je peux toujours commander à une main séparée du corps.* »

Il se demandait s'il pouvait se démonter complètement, et il décida d'essayer. Il attrapa son pied droit dans sa main droite (la seule qui lui restait), et tira dessus en le dévissant. Le pied droit s'enleva comme un soulier. Romuald le jeta dans l'eau : PLOUF ! Le pied se baladait au fond de la baignoire comme un escargot. Cependant, puisqu'il avait lancé le pied droit dans son bain, Romuald fut forcé de rester à cloche-pied sur le gauche. Il s'assit sur le tabouret. Et comme il avait un petit tempérament logique et déductif, il dit à haute voix pour lui-même :

« *Quatrième observation : Quand j'enlève un pied, je perds l'équilibre.* »

Et il enleva le second pied qu'il jeta aussi dans l'eau tiède. Le second pied se promenait à son tour, écartait les doigts en éventail. Il faisait la course avec son collègue. Romuald riait :

« Hi ! Hi ! Hi ! Je me démonte comme un robot ! »

Il enleva ses jambes au ras des genoux. Puis il enleva les genoux. Puis il enleva les cuisses. Il jeta le tout dans l'eau : PLOUF !

« Hi ! Hi ! Hi ! » riait-il. « Me voilà cul-de-jatte ! »

Il s'adossait au lavabo pour conserver son équilibre. Et, comme il avait un petit tempérament logique et déductif, il fit l'observation suivante :

« *Cinquième observation : Quand on n'a plus de jambes, c'est difficile de rester assis sur un tabouret.* Voyons voir si je peux mieux faire. »

Il attrapa son avant-bras gauche (celui qui n'avait plus de main), et le dévissa. Il dévissa le bras gauche et jeta les deux morceaux dans la baignoire.

« Hi ! Hi ! Hi ! » riait-il. « Ça grouille dans mon aquarium ! »

En effet, la main et les pieds se bousculaient dans l'eau. Les jambes et les cuisses roulaient, se redressaient, remontaient à la surface portées par les remous, replongeaient en faisant des vagues.

« Voyons voir si je peux mieux faire. »

Il jeta son zizi dans l'eau. Le zizi coula comme un petit vairon. Et soudain Romuald eut une grande idée :

« Si j'enlevais la tête ! »

Sitôt dit, sitôt fait ! Il attrapa ses cheveux et tira dessus. La tête se démonta comme celle d'une poupée. Elle riait toute seule au bout de la main qui l'élevait en l'air. Elle disait :

« Et voilà le travail ! Hi ! Hi ! Hi ! »

Mais, comme Romuald avait un petit tempérament logique et déductif, il ne manqua pas de remarquer :

« *Sixième observation : Même séparée du corps, c'est toujours la tête qui commande.* »

Et il donna l'ordre à la main de lancer la tête dans la baignoire : PLOUF ! Quelle éclaboussure ! La tête s'enfonçait dans l'eau en crachant des bulles ! Et la bouche soufflait comme ceci : bre-le-bre-le-bre-le-bre-le ! Elle disait :

« Hi ! Hi ! Hi ! Glc'est glrigloglo ! » (C'est rigolo.)

Pourtant, il y avait un problème. La tête se souleva hors de l'eau pour y réfléchir. Et comme Romuald avait un petit tempérament logique et déductif, la bouche déclara :

« *Septième observation : Quand une main a enlevé l'autre, on ne peut pas démonter l'autre main.* »

Mais l'enfant se disait qu'il pouvait coincer le corps contre le lavabo :

« Je mordrai ma main et je tirerai dessus ! »

C'est ce qu'il fit illico. Et alors il poussa un cri : « Aïe ! »

Et comme il avait un petit tempérament logique et déductif, il se fit la remarque suivante :

« *Huitième observation : Si je me mords un doigt, ça me fait mal.* »

Il mordit néanmoins sa main et tira dessus de toutes ses forces. Pour cela, la tête se laissa retomber en arrière dans l'eau. Le corps demeurant coincé par le lavabo, le bras se démonta. La tête l'attira avec elle : PLOUF ! La tête riait tandis que ce qui restait du corps s'affaissait sur le tabouret comme un tas de viande de boucherie. Alors, l'enfant réfléchit qu'il fallait le laver également.

« Je vais le capturer avec mes mains ! »

Lentement, les mains sortirent de la baignoire à la manière des crabes. Elles soulevèrent le corps et le basculèrent dans l'eau tiède. L'eau gicla sur le carrelage de la salle de bains. Les mains jouaient à cache-cache entre les morceaux de Romuald ; ce fut une joyeuse partie ! La tête faisait le sous-marin. A cause des cheveux, elle ressemblait à une méduse. Le corps roulait et remontait flotter à la surface du bain. Les mains l'entraînaient au fond et les pieds trottaient dessus. Romuald chantait :

« Glil glétait glun glpetit glnavire ! »

Subitement, deux coups furent frappés à la porte. C'était la mère de l'enfant qui s'impatientait :

« Romuald ! As-tu bientôt fini ta toilette ? »

« Glj'arrive ! »

La bouche avait crié la réponse avec un chapelet de bulles. La mère s'éloigna. Romuald décida de sortir du bain. Pour être plus précis, peut-être vaudrait-il mieux dire que la tête espérait sortir, mais qu'elle n'était pas capable de le faire seule. Et comme Romuald avait un petit tempérament logique et déductif, la bouche déclara à voix haute :

« *Neuvième observation : Quand les membres sont partis se promener, c'est difficile de déplacer le bonhomme, vu que la tête ne sait plus où donner de la tête.* »

Alors, il se concentra pour ordonner aux mains de quitter le bain. Mais les mains s'y plaisaient. Elles se réunirent l'une au bout de l'autre pour faire un pied de nez à la tête.

« Saperlipopette ! » s'écria Romuald. « Gare à vous si je vous attrape ! »

Et sa bouche mordit le pouce le plus proche ; elle le relâcha pour crier :

« Aïe ! »

Les mains se faufilèrent sous le tas de jambes et de bras. La tête plongea à leur poursuite en bousculant les pieds qui barraient le passage. Elle finit par coincer une main à l'extrémité de la baignoire. (L'eau faisait des vagues et débordait !) Alors, la main leva le pouce pour annoncer qu'elle se rendait.

« Glsors de gl'eau ! » gronda la bouche en faisant des centaines de bulles.

Au même moment, plusieurs coups frappés à la porte de la salle de bains rappelèrent avec insistance à l'enfant que sa mère l'attendait dans le salon.

« Si tu n'es pas là dans cinq minutes, je viens te chercher ! » menaçait la mère.

Elle se retira. La tête de Romuald se souleva hors de l'eau :

« Cette fois, fini de rire ! » dit-elle aux mains farceuses. « Sortez ! »

A regret, les deux mains se cramponnèrent au rebord de la baignoire pour se hisser dehors.

« Attrapez ma tête ! » ordonna la bouche de Romuald.

Les mains la saisirent par les oreilles et la déposèrent, dégoulinante, sur le tabouret.

« Maintenant, essuyez-moi ! »

Les mains trottèrent jusqu'à la serviette-éponge et la rapportèrent en escaladant le tabouret. Elles frottèrent le visage de l'enfant, curèrent les oreilles. C'était reposant et pratique.

« A présent », commanda la tête, « ôtez la bonde de la baignoire pour chasser l'eau sale ! »

Une main sauta dans la baignoire et tira la chaîne. L'eau s'écoula par le trou du fond en tourbillonnant et en gargouillant. Les morceaux du corps de l'enfant tournoyaient. Soudain, la tête cria :

« Mon zizi ! Rattrape-le ! »

La main bondit en avant pour le capturer. Il était temps, car le zizi, emporté par le tourbillon, allait être englouti ! Les doigts le saisirent prestement. La tête soupira de soulagement. Elle imaginait le malheureux zizi égaré tout seul dans la tuyauterie ! Mais, comme Romuald avait un petit tempérament logique et déductif, il déclara :

« Dixième observation : Ne jamais quitter son zizi. »

Puis la bouche ordonna :

« Recolle-moi mon zizi tout de suite ! »

La main obéit. L'enfant réfléchit à haute voix :

« Onzième observation : Il ne faut jamais jeter l'eau du bain s'il reste quelque chose dedans. »

Les deux mains en sortirent tous les morceaux du corps et les essuyèrent sur le carrelage. Pour la troisième fois, la mère vint frapper à la porte :

« Romuald ! Si tu ne sors pas, je vais entrer ! »

« J'arrive, maman ! Je suis en train de sécher ! »

« Fais vite ! »

La mère s'éloigna.

« Dépêchez-vous ! » ordonna Romuald à ses morceaux. « Vous avez entendu ma mère ! Alors, rassemblez-vous ! »

Les morceaux de bonhomme obéirent. Les pieds rampaient, les jambes, les cuisses, les bras roulaient et se recherchaient. Quand ils se retrouvaient, ils frétillaient. On aurait cru voir des caniches devant un morceau de sucre. Ils se ressoudaient sans problème. Les deux mains remorquèrent le corps et posèrent la tête sur le cou. L'enfant la fit pivoter pour vérifier son bon fonctionnement.

« Maintenant, rendez-moi mes jambes et mes bras ! »

Les mains ramassèrent les membres. Puisqu'ils s'étaient recollés sans leur aide, elles n'eurent qu'à les remorquer pour les amener face aux articulations adéquates. L'enfant était presque reformé. La main droite attrapa la gauche et la fixa au bout de l'avant-bras gauche. La main gauche attrapa la droite et la rendit à son avant-bras droit. L'enfant reconstitué s'assit par terre et se regarda.

« Romuald ! As-tu terminé ta toilette ? » demanda la mère en tambourinant à la porte.

« J'arrive, maman ! »

Romuald se leva, s'habilla. Il sortit pieds nus de la salle de bains. Il était propre et frais et il sentait bon.

« Et voilà le travail ! » disait-il.

Sa mère s'approcha pour l'embrasser.

« Mon petit coco est tout neuf ! » dit-elle.

Elle s'immobilisa, la bouche ouverte. Elle regardait son fils comme si elle ne l'avait jamais vu.

« Mais ? » dit-elle.

« Quoi ? » demanda Romuald.

Il suivit le regard de sa mère vers ses pieds nus, et fit la grimace. Ces coquins de pieds s'étaient raccordés tout seuls aux jambes, et le pied gauche était tourné vers l'arrière au lieu de pointer vers l'avant. Cependant, comme Romuald avait un petit tempérament logique et déductif, il se fit tout bas à lui-même l'observation numéro douze : « *Ne jamais laisser les membres travailler sans le contrôle de la tête.* » Puis il éclata de rire :

« Ce n'est rien, maman ! C'est un exercice d'assouplissement ! »

En même temps, il s'était baissé et revissa le pied dans le bon sens. Et pour rassurer sa mère tout à fait, il leva la jambe en l'air à la façon des danseuses de french-cancan. La mère souriait. Elle tendit à l'enfant son livre de lecture :

« J'aimerais que tu fasses ta lecture avant le dîner. Fais-la à voix haute, que je t'entende. »

Elle s'en alla dans la cuisine. Romuald ouvrit le livre à regret. Il avait envie de jouer avec ses petites voitures. Alors il enleva sa tête et la déposa sur la table face au livre ouvert, tandis que le corps restait sur la moquette à jouer aux autos. Et la tête lisait la lecture pendant que l'enfant s'amusait. Cela aurait pu durer longtemps si la mère n'était revenue dans le salon. Elle poussa un cri d'effroi à la vue de la tête sur la table comme une tête de veau dans un plat. Puis elle vit le corps courir à quatre pattes derrière une voiture de pompiers...

Je vous laisse imaginer la suite ! Je crois qu'il y eut de la fessée dans l'air, et que si les fesses la reçurent, ce furent les yeux qui pleurèrent. Mais, comme Romuald avait un petit tempérament logique et déductif, il nota par écrit sur un petit carnet une treizième observation que je livre à votre réflexion :

« *Ne jamais faire deux choses à la fois !* »

La fille qui shootait dans les chapeaux

Un matin, Anne-Lise fut prise de folie. C'était pourtant une petite fille tranquille, mais sans doute la mouche du bizarre l'avait-elle piquée. Toujours est-il qu'elle monta debout en l'air dans la classe, comme sur un escalier invisible, et qu'elle se retrouva les pieds à hauteur des têtes de ses camarades au travail. Ce fut Marion-la-Mignonne qui s'en aperçut. Elle poussa un cri :

« Oh ! Anne-Lise ! »

« Oh ! Anne-Lise ! » répéta le maître, M. Lebois.

« Oh ! Anne-Lise ! » répétèrent les élèves en chœur.

Mais Anne-Lise avait entrepris de se balader en l'air comme si de rien n'était. Elle marchait à un mètre cinquante au-dessus du plancher.

« Anne-Lise ! » appela le maître. « Qu'est-ce que tu fais là ? »

La fillette se retourna :

« Je marche en l'air ! » dit-elle. « Je veux attraper les chapeaux ! »

Les enfants riaient, car personne ne portait de chapeau dans la classe, excepté Emmanuel qui avait gardé sur la tête une belle casquette publicitaire.

« Hein ? quoi ? » fit Emmanuel.

Il n'eut pas le temps d'en dire plus, car Anne-Lise était accourue juste au-dessus de sa tête et PAN ! d'un coup de pied de championne de football, elle expédia la casquette à l'autre bout de la salle. La classe éclata de rire.

« Elle est plus forte que Platini ! » s'écria Laurent-le-Malin.

« C'est Platinette ! » ajouta Patrick son compère.

« Elle pourrait jouer dans l'équipe de France ! » estima Baptiste.

« Anne-Lise ! Descends ! » dit le maître.

« Non ! Je veux faire tomber les chapeaux des gens ! » répliqua Anne-Lise entêtée.

Et puisque la fenêtre de la classe était ouverte, elle sortit dans l'air.

« Attention ! » lui cria le maître affolé.

Trop tard. La fillette était dehors, elle marchait dans l'air comme sur un sentier de la forêt. Le maître et les élèves s'étaient précipités aux fenêtres. Ils virent l'enfant descendre un escalier invisible pour marcher au-dessus des petits élèves du cours préparatoire qui faisaient de la gymnastique dans la cour.

« Oh ! » s'écria le maître, car il devinait ce qu'elle voulait faire. « Descendons tous, vite, et sans bousculade ! »

La classe dévala l'escalier. Les élèves riaient.

« Elle va shooter dans les chapeaux des petits ! » ricanait Sarah.

C'était bien ce qu'elle était en train de faire quand la classe surgit dans la cour. Anne-Lise courait au-dessus des têtes des mignons élèves du CP, et PAN ! PAN ! PAN ! de ses coups de pied de footballeuse, elle arrachait bonnets, bérets, cagoules, casquettes ! Les petiots fuyaient en tous sens en criant ; ils riaient aussi car ils prenaient cela pour un jeu. Mais le professeur de gymnastique essayait d'attraper Anne-Lise. Il n'y parvenait pas : l'enfant grimpait dans les airs chaque fois qu'il croyait la capturer.

« Anne-Lise ! Descends ! » cria M. Lebois.

« Non ! Je veux shooter dans les chapeaux ! » répondit Anne-Lise.

Elle escalada des marches invisibles pour se tenir hors de portée des mains qui s'efforçaient de lui saisir les chevilles. C'est alors que M. Mercier, le directeur, ouvrit la fenêtre de son bureau à cause du vacarme :

« Que se passe-t-il ? »

Il comprit tout de suite. Anne-Lise courait en l'air. Elle tendit soudain la main et s'empara d'un pigeon qui passait par là. Elle lui arracha deux plumes du derrière pour se les planter dans les cheveux. (Heureusement que la dame aux pigeons ne vit pas cela !) Puis elle libéra l'oiseau qui s'enfuit en roucoulant de terreur.

« Anne-Lise ! Descends ! » criait le maître.

« Descends ! » criait le professeur de gymnastique.

« Descends ! » criait le directeur.

« Non ! Je veux shooter dans les chapeaux des gens ! » Elle se dirigea vers le mur de l'école et passa par-dessus.

« Reviens ! » lui cria le directeur, de sa fenêtre. « Tu n'as pas le droit de sortir ! »

Elle n'écoutait pas. Alors il descendit en hâte rejoindre M. Lebois dans la cour. Pendant ce temps, Anne-Lise avait parcouru la rue Marcel-Aymé. Vite, M. Lebois et M. Mercier (et les élèves en rang) s'élancèrent à la poursuite de la fillette. Sa trace n'était pas difficile à suivre car on voyait des gens penchés, ramassant des chapeaux dans les caniveaux. Les élèves riaient.

« Elle marque beaucoup de buts ! » ricanait Charlotte.

Ils virent bientôt leur camarade trottiner au-dessus de la place de la Contrescarpe. Justement, un clochard y était assis sous un catalpa. Il portait sur la tête un grand chapeau de cow-boy qu'il avait dû récupérer au marché aux puces.

« Attention ! » lui cria le directeur de l'école.

Le temps que le clochard se retourne, Anne-Lise était arrivée au-dessus de lui, et PAN ! elle bottait un penalty qui envoya le chapeau dans les branches de l'arbre. Les consommateurs, aux terrasses des cafés, se mirent à applaudir joyeusement l'exploit. Ils auraient mieux fait de se tenir tranquilles, car certains possédaient de beaux chapeaux.

« Les galurins vont voler ! » s'écria Matthieu.

Et PAN ! PAN ! PAN ! les chapeaux sautaient en l'air sous les coups de pied. La classe riait, applaudissait. Le directeur appelait :

« Anne-Lise ! Reviens ! »

La vieille dame aux pigeons venait d'arriver sur la place. Elle vit la fillette fantastique :

« Que fait-elle ? » demanda-t-elle. « Elle travaille du chapeau ? »

Mais Anne-Lise s'immobilisa subitement. Elle venait de repérer un gardien de la paix... avec son képi.

« Aïe ! Aïe ! Aïe ! » murmura le maître d'école en se prenant la tête à deux mains, car il devinait ce qui allait se passer.

« Ooooooooooo... » crièrent les enfants tous ensemble, comme les supporters sur les terrains de football, quand le gardien de but s'apprête à shooter dans le ballon pour dégager son camp... « Oooooooooooooo... Hisse ! »

Et PAN ! le képi fut expédié à vingt pas, sous les roues d'une automobile qui l'écrabouilla.

« Hé ? Hé ? » fit le gardien de la paix en regardant partout autour de lui sans comprendre.

Puis il découvrit la fillette qui courait à présent en l'air après le chapeau à fleurs d'une dame élégante. Il tira son sifflet de sa poche et se mit à souffler dedans de toutes ses forces.

« Maintenant, voilà l'arbitre ! » ricana Jean-Eric. La classe éclata de rire. Le directeur s'excusait de son mieux auprès du gardien sans képi. Celui-ci se joignit à la poursuite en sifflant comme un merle. Il y avait d'ailleurs, en plus des élèves, une bonne vingtaine de grandes personnes aux trousses de la footballeuse de l'air. Ils s'amusaient de la voir flanquer des coups de savate dans les chapeaux des gens. Ils faisaient des jeux de mots et criaient :

« Alors, la petite ? Comment savate ? »

« Savate... rès bien ! » répondait Anne-Lise.

La dame aux pigeons escortait les curieux. Elle parlait des enfantastiques :

« Ils sont tous bizarres dans cette école ! Il y en a qui traversent les murs (1), qui changent les autres en animaux (2), qui marchent au plafond (3) ! L'an dernier, il y en avait même qui volaient les ombres des gens (4) ! Un scandale ! »

Pendant ce temps, Anne-Lise galopait. Sous elle, M. Mercier, le directeur, s'efforçait de la raisonner :

« Reviens ! Tu ne vas pas rester en l'air toute la journée ! »

« Elle va manquer de carburant ! » ajoutait Laurent-le-Malin, à la grande joie de ses camarades.

« Je veux shooter dans les chapeaux des gens ! » répondait Anne-Lise.

Et voilà qu'arrivait justement une escouade de gardes républicains à cheval ! Les élèves s'immobilisèrent en riant sous cape : Anne-Lise se frottait les mains de satisfaction. Les badauds devinaient ses intentions ; ils se régalaient d'avance eux aussi. Ils armaient les appareils photographiques. Le gardien de la paix tenta d'empêcher le carnage en courant au-devant des cavaliers. Il agitait les bras en polichinelle et vociférait :

« Sauvez-vous ! Sauve-qui-peut ! Gare à la footballeuse ! »

Lire : (1) « Pas de panique ! » (2) « Ça alors ! » (3) « Impossible ! » (4) « Saperlipopette ! »

Mais Anne-Lise courait au-dessus de lui. Il eut beau siffler, ce fut une partie mémorable ! PAN ! PAN ! PAN ! PAN ! PAN ! PAN ! les coups de pied pleuvaient, les casques volaient en tous sens ! Les cavaliers sautaient à terre pour les ramasser et s'enfuir, mais, sous les acclamations des spectateurs, Anne-Lise les rattrapait et shootait de nouveau dans les coiffures ! Quelle pagaille ! (Sûrement, vous avez vu la photographie qui parut le lendemain dans le journal).

A la fin, quand les gardes furent tous décoiffés et déconfits, Anne-Lise se retourna pour saluer. Tout le monde l'applaudit.

Alors, la fillette reprit le chemin de l'école en marchant à hauteur des têtes. Elle sifflotait. Elle paraissait calme. On la suivit. Un motocycliste arrivait, tout le monde s'attendait à ce qu'il se passe quelque chose. Mais il n'y eut pas de spectacle. La crise était finie. La fillette allait à l'école. Elle y entra. Les élèves y entrèrent avec elle – mais pas les promeneurs que le directeur laissa dans la rue :

« N'insistez pas ! » disait-il. « C'est un endroit réservé aux enfants. »

Anne-Lise traversa la cour. Les petits du CP s'enfuyaient devant elle en cramponnant leurs coiffures à deux mains. Mais Anne-Lise ne les toucha pas. Elle monta dans la classe (par la fenêtre). Elle s'assit à sa table. Lorsque les élèves arrivèrent (par les escaliers), ils la virent déjà au travail. Elle faisait ses multiplications. Ils n'osaient pas entrer.

« Et alors ? » dit-elle. « Qu'est-ce que vous attendez ? »

Ils gagnèrent leurs places timidement. Elle fronçait les sourcils : « Silence ! » grogna-t-elle. « Vous faites trop de bruit ! »

Tout le monde marcha sur la pointe des pieds. Pendant une demi-heure, la classe travailla sans mot dire. On aurait entendu une mouche voler, et justement, on en entendit une.

« Silence ! » grogna Anne-Lise.

La mouche bourdonnait. Les élèves relevèrent la tête, et que virent-ils ? Anne-Lise qui grimpait au-dessus des tables en criant :

« Silence ! Silence ! »

« Ça recommence ! » murmura Marion-la-Mignonne.

Anne-Lise poursuivait la mouche en courant en l'air, et la mouche fila par la fenêtre ouverte. Anne-Lise la suivit !

« Non ! Attends ! » cria le maître.

La fillette était déjà dehors. Les élèves se levèrent joyeusement. Chic ! On va repartir en promenade ! pensaient-ils. Mais le maître leur fit signe de se rasseoir. Il ouvrit toutes grandes les fenêtres.

« Au travail ! » dit-il. « Anne-Lise rentrera quand elle en aura terminé ! »

« Ben dis donc ! » murmura Laurent-des-Antilles. « Si elle rentre seulement après avoir attrapé toutes les mouches de Paris, on aura de la barbe lorsqu'elle reviendra ! »

Le petit
son

La classe travaillait. Sonia, au tableau, repérait le verbe d'une phrase, le sujet du verbe et les compléments. C'était facile.

« Maintenant », dit le maître, « Matthieu va te remplacer. » Matthieu se souleva, tout confus. Il avait ôté ses souliers. La classe se mit à rire.

« Pendant que tu y es », suggéra le maître, « déshabille-toi donc, enfile un pyjama et dors bien ! »

« Heu... Non. Je... » bredouillait Matthieu. « Ce sont mes pieds qui... heu... qui me font mal... »

« Tu as des chaussures neuves ? » demanda le maître.

« Non. Mais... heu... J'ai mal... »

« Ses pieds ont peut-être grandi d'un seul coup ! » fit Sébastien goguenard. « Quand on arrose les plantes, elles poussent. Et comme il pleut depuis deux jours, l'eau lui a peut-être fait pousser la plante des pieds ! Hi ! Hi ! Hi ! »

Les élèves riaient. Pas Matthieu. Il se tenait debout avec embarras à côté de sa table. Il n'avait pas remis ses souliers.

« Remets-les », lui dit le maître.

« Je ne... Je ne peux pas », répondit Matthieu. « Mes pieds sont devenus trop grands. »

« Depuis ce matin ? » s'étonna le maître. « Je crois que tu exagères. »

« Non. Je n'arrive pas à les remettre. »

« Dans ce cas, tu viendras au tableau en chaussettes ! »

Matthieu se dirigea vers le tableau sans souliers.

Les élèves se penchaient dans l'allée pour observer ses pieds. Ils poussaient des Oh ! et des Ah !

« Dis donc ! » siffla Patrick. « Tu as vu ses bateaux ! »

« Si ça continue », fit Laurent-le-Malin, « il n'aura plus besoin d'acheter des skis pour aller aux sports d'hiver ! »

Eclats de rire des élèves. Le maître, intrigué, reluqua les pieds de Matthieu lorsque l'enfant parvint au tableau. C'était vrai qu'ils étaient très grands, anormalement grands.

« Saperlipopette ! » dit le maître. « Tu chausses au moins du 42 ! »

« Saperlipopette ! » répéta la classe. « Il chausse au moins du 42 ! »

« Ce matin, je chaussais du 36 », dit Matthieu avec un petit sourire forcé.

« Ses pieds poussent plus vite que le nez de Pinocchio ! » s'écria Marion-la-Finaude.

Les enfants éclatèrent de rire. Matthieu leur fit face en tirant la langue.

« Attention ! » lui lança Alice-la-Coquette. « Ta langue va pousser ! »

Nouvel éclat de rire.

« Et voyez ses chaussettes ! » dit Sandra. « Elles ont des patates ! »

En effet, les orteils les avaient crevées. Gêné, Matthieu recroquevillait ses doigts de pieds.

« Bizarre ! » murmura le maître. « Mais travaillons ! »

Il tendit les craies à Matthieu, qui chercha le verbe de la phrase: « Le petit chien docile apportait le journal à son maître tous les matins. » Facile: apportait. Il chercha le sujet. Qui est-ce qui apportait? Le petit chien docile. Puis il chercha les compléments du verbe, mais s'interrompit. Visiblement, il pensait à autre chose.

« Tu ne les trouves pas? » lui demanda le maître.

« Si, si », dit Matthieu.

Il pensait à autre chose. Soudain, il demanda:

« Est-ce que je peux prendre l'éponge? »

Il la trempa dans l'eau du seau. Il la tint serrée dans sa main droite; l'eau ruisselait le long de son poignet. Alors, il la retrempa dans le seau pour la serrer dans la main gauche pareillement. Il aimait cela. Il souriait.

« Saperlipopette! Que se passe-t-il? » demanda le maître.

« Saperlipopette? Que se passe-t-il? » répétèrent les élèves sur le même ton.

« Rien, rien », dit Matthieu.

La classe l'observait triturant l'éponge. Le maître insista:

« Tu ne te sens pas bien? »

« Si. Très bien. Merci. »

Matthieu déposa l'éponge et reprit le travail. Mais il s'arrêta derechef.

« Ça ne va pas? » s'inquiéta le maître.

« Je... Heu... Ce sont mes pieds qui... »

Matthieu lorgnait le seau avec embarras, puis il

lorgnait ses pieds. Il devait souffrir car il grimaçait. Brusquement, il bondit du côté du seau et FLOC! Il plongea le pied gauche dans l'eau avec un soupir de soulagement. La classe explosa de rire. Le maître s'approcha vivement de l'enfant qui retirait du seau son pied trempé. Il n'eut pas le temps d'intervenir que Matthieu plongeait l'autre pied dans le seau: FLOC!

« Il prend le seau pour un pédiluve! » ricana Hadrien.

« Tu veux du savon? » lança Sébastien.

La classe était effondrée de rire sur les tables. Matthieu s'en moquait. Il était à l'aise et souriait.

« Ça me fait du bien! » murmura-t-il.

Il retira son pied.

Elisabeth poussa un cri:

« Regardez! Il chausse au moins du 69! »

Les pieds s'étaient allongés! Les élèves se penchaient par-dessus les tables pour les contempler. Ceux qui étaient au fond de la classe s'étaient attroupés dans les allées. Les longs pieds de Matthieu mesuraient au moins 40 centimètres!

« C'est Berthe aux grands pieds! » fit Charlotte.

« Ses pieds sont marron! » dit Cynthia. « Et tout rugueux! »

« On dirait des bouts de bois! » fit Julie avec dégoût.

« Et ils poussent encore! » s'écria Jennifer.

D'une secousse visible, les pieds avaient encore grandi! Ils étaient terminés en pointe!

« Bizarre ! » disait le maître en se grattant le menton.

« Ses mains poussent aussi ! » dit Alice-la-Grande.

C'était vrai ! Les doigts des mains s'étaient étirés, affinés ; leurs extrémités étaient brunes.

« On dirait qu'il a trop fumé ! » fit Laurent-le-Malin. « Les doigts des fumeurs deviennent comme ça ! »

« Et ses cheveux ! » s'écria Hélène. « Il a l'air d'un punk ! »

Les cheveux de Matthieu se dressaient en l'air. L'enfant fit entendre un petit gémissement.

« Ça te fait mal ? » demanda Cynthia avec compassion.

« Un peu, oui », répondit Matthieu. « Surtout les pieds. »

Puis il ajouta :

« J'ai une de ces soifs ! »

Le maître tendit une bouteille vide à Sonia :

« Va la remplir d'eau ! »

La fillette sortit. Le maître fit signe à Hélène d'approcher.

« Va chercher le directeur ! » lui chuchota-t-il dans l'oreille.

Hélène s'en alla. Matthieu venait de tremper encore la pointe d'un pied dans le seau.

« Tu ferais mieux d'ôter tes chaussettes ! » dit Baptiste.

Matthieu se baissa, mais ses doigts étaient

devenus si gourds qu'ils n'arrivaient pas à saisir le tissu.

« Aidez-le », dit le maître.

Laurent-des-Antilles et Emmanuel accoururent les premiers. Ils enlevèrent les chaussettes déchirées de Matthieu et reculèrent de stupeur. Les pieds de leur camarade étaient bruns et rugueux. Les doigts se terminaient en longs filaments.

« Ma parole ! » murmura le maître. « Ce sont des... des... »

Il n'osait pas prononcer le mot.

« Et ses cheveux ! » s'écria Emilie en portant les mains à sa bouche. « Ils sont devenus tout verts ! »

Les cheveux avaient tellement poussé qu'ils retombaient autour de la tête à la manière d'un saule pleureur.

« Ma parole ! » murmura le maître. « On dirait des... des... »

Il n'osait pas prononcer le mot.

« Et ses mains ! » s'écria Julie. « Voyez comme ses doigts ont grandi ! »

Ils étaient tordus, piquetés de points verts.

« Ma parole ! » murmura le maître pour la troisième fois. « On dirait des... des... »

Il n'osait pas prononcer le mot. C'est alors que M. Mercier arriva.

« Que se passe-t-il encore ? » demanda-t-il.

Pour toute réponse, M. Lebois désigna Matthieu. Le directeur ouvrit de grands yeux :

« Ma parole ! » s'écria-t-il. « On dirait un... un... »

Il n'osait pas prononcer le mot lui non plus et regardait M. Lebois qui hochait la tête en silence. Heureusement, Sonia revenait avec la bouteille d'eau. Matthieu aurait bien voulu saisir cette bouteille, mais ses mains étaient trop maladroites. Il fallut l'aider. Sonia éleva la bouteille à hauteur de la bouche de l'enfant bizarre.

« Il est comme un bébé ! » murmura Céline avec attendrissement.

Matthieu buvait avidement ; il vida la bouteille d'un trait. Mais en même temps qu'il buvait, il avait forci. Sa chemise craqua. Son pantalon se déchira en deux lambeaux qui pendaient lamentablement. Dans les déchirures, on voyait la peau de Matthieu toute rugueuse.

« Arrosez-moi donc ! » demanda l'enfant. « Et enlevez-moi ces loques ! »

Il désignait les morceaux de chemise et de pantalon accrochés aux aspérités de sa peau. Cyril, Emmanuel et Laurent-des-Antilles le débarrassèrent de ses guenilles.

« Et voilà le travail ! » dit Cyril.

Mais ce n'était pas le moment de plaisanter, et d'ailleurs les enfants ne disaient plus un mot. La peau de Matthieu était dure, son corps était noueux et raide.

« Va plutôt chercher de l'eau », demanda le maître à Cyril.

Le garçon prit le seau et sortit. Les élèves étudiaient leur camarade dont les pieds s'étaient étirés, dont les doigts des mains s'étaient allongés (il poussait dessus des petites lames vertes), dont les cheveux verts également se dressaient à un mètre au-dessus de sa tête, et dont le corps était comme de l'écorce.

« C'est... Mais c'est un arbre ! » balbutia Cynthia dans le silence général.

Du coup, les langues se délièrent :

« Ses pieds sont des racines ! Ses mains sont des branches ! Ses cheveux sont le feuillage ! Son corps c'est le tronc ! Et voyez comme il a grandi ! »

« Il est presque aussi grand que le maître ! » dit la petite Lola.

« Je vais téléphoner à l'Inspection ! » annonça le directeur.

Il quitta la classe au moment où Cyril y était de retour avec le seau d'eau.

Matthieu pivota vers son camarade avec impatience car il avait soif. Mais le maître arrêta les enfants qui voulaient l'abreuver :

« S'il grandit encore, il ne pourra pas sortir d'ici. Il vaut mieux qu'il sorte d'abord. Est-ce que tu peux marcher, Matthieu ? »

« Oui, oui », répondit Matthieu. « Pas de problème. »

Il se mit en mouvement comme un épouvantail. Il levait une racine, puis l'autre, en agitant les branches en guise de balanciers. Son feuillage tremblait sur sa tête. La classe l'escorta dans le couloir.

« N'oublie pas le seau d'eau ! » dit le maître à Cyril. « Fais-toi aider par Baptiste ! »

La classe descendit l'escalier vers la cour. Le maître soutenait Matthieu, car ses racines glissaient sur les marches.

« Est-ce que tu as mal ? » demandait Céline à l'enfant-arbre.

« Je me sens très bien », répondit-il.

Ils débouchèrent dans la cour. M. Mercier y arrivait également après avoir téléphoné.

« Personne n'est au courant de rien à l'Inspection », annonça-t-il. « Ils vont appeler le Ministère. »

Cependant, l'enfant-arbre s'était installé au milieu de la cour, entre les acacias qui s'y trouvaient. Tous ses camarades l'entouraient.

« Aspergez-moi donc ! » demanda-t-il.

Cyril et Baptiste soulevèrent le seau ; mais ils ne coordonnaient pas leurs mouvements. L'eau giclait à côté.

« Posez le seau ! Posez le seau ! » réclamaient les filles. « On sait comment faire ! »

Elles trempèrent leurs mains dans l'eau. Elles les agitaient ensuite en direction de l'enfant-arbre, mais ce n'était guère efficace. Les garçons ironisaient :

« Si c'est tout ce que vous avez trouvé ! Chapeau ! »

« Arrosez-moi donc au lieu de vous chamailler ! » protestait Matthieu.

« Je vais chercher l'éponge dans la classe ! » dit Patrick.

C'était une bonne idée qu'il n'eut pas le temps de mettre en pratique, car la pluie, qui s'était arrêtée deux heures, se remit à tomber. L'enfant-arbre dressa ses cheveux verts en l'air avec gourmandise en recevant les premières gouttes. Soudain, il plut à verse. Avec de grands cris de poules mouillées, les élèves coururent s'abriter sous le préau. Un instant indécis, M. Lebois et M. Mercier demeurèrent auprès de Matthieu. La pluie redoubla d'ardeur.

« Vous pouvez me laisser ! » leur dit Matthieu. « Moi, j'adore la pluie ! »

Il ouvrait ses bras-branches pour la recevoir. Les gouttes crépitaient sur son feuillage-chevelure. Et Matthieu grandissait.

Trempés, M. Lebois et M. Mercier rejoignirent la classe sous le préau. De là, les enfants observaient leur ancien camarade debout entre les acacias. Il se tournait vers les arbres de la cour, tantôt l'un, tantôt l'autre.

« Il parle aux acacias ! » murmura Julie avec étonnement.

Les enfants admiraient ce pouvoir. Mais d'un autre côté, ils se faisaient du souci pour Matthieu.

« Est-ce qu'il va devenir un arbre ? » demandait Cynthia.

Personne n'en savait rien.

« La pluie cesse ! » annonça Romuald.

Un bel arc-en-ciel se développait au-dessus des toits. Dans la cour de l'école, les arbres s'égouttaient. Matthieu était presque aussi grand qu'eux.

Un pigeon se percha sur ses branches. Le pigeon roucoulait. En réponse, les bras verts de Matthieu semblaient s'être refermés sur lui pour le protéger.

« Il parle aux oiseaux ! » murmura Sandra.

« Les pigeons vont faire caca dessus ! » ricana Laurent-des-Antilles.

Les enfants riaient. Jennifer les alerta :

« Matthieu s'en va ! »

L'enfant-arbre bougeait. Il se mit en marche vers la porte de sortie de l'école. Le directeur le poursuivit :

« Attends ! Tu ne peux pas quitter l'école sans un mot de tes parents ! »

« Je ne peux pas rester là non plus », lui répondit Matthieu. « Je ne peux pas planter mes racines dans le goudron. Et il n'y a pas assez de place dans cette petite cour pour un arbre supplémentaire. Je vais aller au Jardin des Plantes. »

Il avait raison. Un arbre de plus dans la cour risquait de porter préjudice à la vie des acacias qui s'y trouvaient déjà. A regret, le directeur fit ouvrir la grille de l'école. L'enfant-arbre s'éloigna dans la rue. Il agitait une branche en signe d'au revoir :

« Je reviendrai sûrement un de ces jours ! »

« Salut, vieille branche ! » lui cria Laurent-le-Malin pour faire un jeu de mots.

Mais l'arbre était loin ; il n'entendit pas.

« Il est dur de la feuille ! » fit Patrick pour faire rire tout le monde.

C'est ainsi que Matthieu s'installa au Jardin des

Plantes. Ses anciens amis lui rendaient visite. Ils lui apportaient de l'engrais. Lui leur racontait sa vie en attendant de revenir un jour parmi eux:

« Je ne m'ennuie pas », disait-il. « Je vois passer des tas de gens. Des centaines d'oiseaux se posent sur mes branches et me parlent de leurs voyages. C'est passionnant ! »

Et il racontait des histoires d'hirondelles et de pigeons. En échange, ses amis lui donnaient des nouvelles de la classe et lui transmettaient ce qu'ils apprenaient. Ils lui expliquaient les divisions. Ça l'intéressait:

« Il faut bien qu'un arbre soit cultivé ! » disait-il avec le sourire.

L'enfant qui soulevait les murs

C'est en récréation que tout commença pour Marion-la-Finaude. Comme elle était poursuivie par les garçons, elle souleva le mur latéral de l'école et hop-là, elle se glissa dessous. Puis elle le laissa retomber derrière elle.

Ses trois poursuivants, Laurent-le-Malin, Patrick et Baptiste, s'arrêtèrent devant le mur. Ils étaient essoufflés, mais surtout, la disparition de la fillette les ébaubissait. Ils considéraient le mur de pierre haut de trois mètres et tournaient au pied à la façon des chiens de chasse qui ont perdu le gibier. Ils se regardaient avec des yeux de poissons.

« Elle n'a pas pu sauter par-dessus ! » s'écriait Laurent-le-Malin.

« Ni passer à travers ! » s'écriait Baptiste.

« Elle est peut-être comme le passe-muraille ! * » répliquait Patrick.

« Où est-elle ? » pestait Laurent-le-Malin.

A ce moment, l'autre Laurent, Laurent-des-Antilles, arriva. Il était intrigué de voir ses camarades longer le mur.

« Qu'est-ce que vous *faisez ?* » demanda-t-il.

« C'est Marion ! » répondit Baptiste. « Elle a disparu ! »

« Moi je sais où elle est ! » dit alors une voix de fillette.

Les quatre garçons se retournèrent. Céline et Sonia les contemplaient d'un air moqueur. C'était Sonia qui venait de parler.

* Lire « Pas de panique ! »

« Où est Marion ? » lui demanda Laurent-le-Malin.

« Elle est passée sous le mur », répondit Sonia.

« Mon œil ! »

« Elle est passée sous le mur », confirma Céline.

« Ça ne peut se pas ! » répliqua vivement Laurent-des-Antilles.

Mais, se rendant compte qu'il n'avait pas dit les mots dans le bon ordre, il reprit en riant de lui-même :

« Ça peut ne se pas ! »

Mais ce n'était toujours pas le bon ordre ! Laurent-des-Antilles fit comme s'il avalait une bouchée trop grosse, et corrigea plus simplement :

« C'est impossible ! »

Ses copains riaient. De l'autre côté du mur, cependant, Marion avait tout entendu. Elle avait été bien surprise de posséder le pouvoir de soulever les murs comme des rideaux de fer de magasin, car jamais elle n'avait espéré pareille chose ! Quelle idée ! Si elle avait soulevé ce mur, voyez-vous, c'était parce qu'elle était traquée, pour échapper à ses poursuivants. Sans y penser. Elle s'était baissée, elle avait attrapé le mur et hop-là ! elle était passée par-dessous. Elle n'était pas sûre d'avoir fait cc qu'elle avait fait. Je n'ai pas pu sauter par-dessus, se disait-elle, et je ne suis pas passée à travers. Et voilà que Céline et Sonia confirmaient qu'elle avait soulevé la muraille. Elle n'en revenait pas. Elle appela, d'un petit air moqueur :

« Ohé ! Laurent outang ! »

De l'autre côté du mur, les garçons se retournèrent en sursaut :

« Elle est dans le mur ! » cria Patrick.

« Elle est de l'autre côté », corrigea Sonia. « Je vous l'avais dit. »

Les garçons collèrent leurs oreilles aux pierres.

« Où es-tu ? » criait Baptiste. « Réponds ! »

Au même moment, Marion-la-Finaude souleva le mur pour revenir. Les garçons et elle se retrouvèrent nez à nez.

« Pouce ! » dit Marion-la-Finaude pour demander un arrêt de jeu.

Mais les quatre garçons étaient trop ahuris pour la poursuivre encore. Laurent-des-Antilles balbutiait :

« Ça se peut ne pas ! Heu... Ça peut se ne pas ! Heu... »

C'était impossible. Pourtant, la fillette les rejoignit et laissa retomber le mur derrière elle.

« Et voilà le travail ! » dit-elle en se frottant les mains.

Les garçons ouvraient des bouches assez rondes pour y enfourner des boules de pétanque.

« Tu-tu-tu... » bégaya Laurent-le-Malin.

« Non, je n'ai pas de tutu ! » fit Marion. « Je ne suis pas une danseuse ! »

Et elle s'éloigna en virevoltant sur la pointe des pieds à la manière des petits rats de l'Opéra. Les garçons lui coururent après.

« Arrête ! Comment as-tu fait ça ? » criait Patrick.

« Facile ! Je me suis baissée. J'ai pris le mur par-dessous, et je l'ai soulevé un bon coup. »

« Mais personne n'a jamais fait ça ! » protesta Laurent-le-Malin.

« Il y a un commencement à tout ! » répliqua Marion-la-Finaude.

Et elle s'en alla en faisant semblant de danser : tralala !

Les garçons demeurèrent. Puis, d'un seul élan, ils se jetèrent contre le mur, se baissèrent, l'attrapèrent ensemble par-dessous et tirèrent de toutes leurs forces. Le mur ne bougea pas.

« Qu'est-ce que vous cherchez ? Des cloportes ? » fit Sébastien qui passait par là.

« On soulève le mur ! » répondit Laurent-des-Antilles.

« Il ne bouge pas d'un poil ! » remarqua Sébastien.

« Aide-nous donc au lieu d'ironiser ! » dit Patrick.

Sébastien s'aligna par jeu auprès des camarades. D'autres garçons arrivaient. Bientôt, tous ceux de la classe étaient côte à côte, face au mur, et ils tiraient dessus de leurs forces conjuguées. Mais le mur ne bougeait pas. Et les filles riaient en battant des mains :

Alice-la-Coquette : « Bravo les champions ! »

Emilie : « Vous cherchez des escargots ? »

Les champions – pardon, je veux dire les garçons – ne répondaient pas. Ils étaient penauds et vexés.

Ils encerclèrent Marion: «Comment que tu as fait?» exigea Laurent-le-Malin.

«Facile! Je me baisse et je soulève! Hi! Hi! Hi!»

Les filles riaient. Elles faisaient:

«Hou! Hou! Les garçons n'ont pas de biceps!»

«Recommence!» exigea Baptiste.

Marion haussa les épaules. Les autres garçons insistèrent:

«Recommence avec un autre mur!» dit Patrick. «Qu'on voie si tu peux faire ça avec tous les murs!»

Marion hésitait. Les filles l'entouraient en se demandant aussi si leur camarade pouvait soulever TOUS les murs ou seulement celui qu'elle avait soulevé tout à l'heure. La plupart d'entre elles, d'ailleurs, ne l'avaient pas vue faire, et les petites curieuses auraient bien aimé profiter du spectacle. Et, à vrai dire, Marion-la-Finaude s'interrogeait elle-même: puis-je soulever TOUS les murs?

«Allons-y!» dit-elle subitement.

La bande se transporta jusqu'au mur d'école qui bordait la rue Marcel-Aymé. Là, Marion s'arrêta. Elle était songeuse. Et si elle n'était pas capable de soulever ce mur-là? Les garçons allaient se moquer d'elle. Déjà, Emmanuel, la voyant troublée, murmurait qu'elle «n'était pas cap'».

«Si, elle peut!» s'écria Sonia qui l'avait vue faire tout à l'heure.

«Oui, je peux!» approuva Marion brusquement. «Et je le prouve!»

Elle se baissa vite fait, attrapa le bas du mur et le souleva. Deux secondes plus tard, elle s'était faufilée par-dessous et l'avait laissé retomber derrière elle. Elle se trouvait dans la rue, tandis que dans la cour, les élèves poussaient les hauts cris. Mais Marion ne s'occupait plus d'eux.

« Et voilà le travail ! » dit-elle en se frottant les mains.

« Pas mal ! » approuva une voix auprès d'elle.

Marion pivota. La vieille dame aux pigeons était sur le trottoir avec des pigeons sur les bras. Elle avait été témoin de la prouesse de l'enfant.

« Je peux soulever TOUS les murs », déclara fièrement Marion.

« Et même les murmures ? » fit la dame aux pigeons.

« Et même les murmures ! » répondit Marion en souriant.

« Dans ce cas, inutile de fabriquer des portes », conclut la vieille dame aux pigeons. « Autant faire des écoles sans grilles ni murailles. »

« Ça c'est vrai ! » dit Marion-la-Finaude.

« Et même des prisons, pendant qu'on y est ! » répondit la vieille dame. « Si on peut passer sous les murs, les murs ne servent à rien. »

Mais Marion n'eut pas le temps de répondre, car la sonnerie de l'école annonça soudain la fin de la récréation. La fillette s'excusa :

« Il faut que je rentre ! Au revoir ! » dit-elle.

Elle se baissa vite fait, souleva la muraille et…

et se trouva face à face avec tous les enfants de l'école! Quelle surprise! Les maîtres et le directeur étaient présents, ainsi que le personnel de service et la gardienne. Tout le monde! Ils étaient massés face au mur et dévisageaient la fillette qui le soulevait toujours à bout de bras. La vieille dame aux pigeons en profita pour adresser un petit salut amical aux écoliers. Mais ceux-ci avaient poussé une ovation formidable à l'apparition de Marion-la-Finaude.

« Heu... » fit Marion d'un air bêta.

« Tu ferais aussi bien de rentrer dans la cour », dit le directeur. « Tu n'as pas l'intention de porter ce mur toute ta vie? »

« Heu... Non. »

La fillette revint dans la cour et laissa retomber le mur derrière elle. Ses camarades lui firent fête. Baptiste et les deux Laurent, qui étaient costauds, la portèrent en triomphe. Mais la petite coquine avait une idée dans sa tête. Toute la classe fut bientôt informée (de bouche à oreille) que Marion rentrerait ce soir chez elle en soulevant les murs des immeubles. Autant dire tout de suite que le travail ne fut pas des meilleurs et que la lecture fut distraite. Tout le monde pensait à autre chose. Même la géographie n'intéressa personne. Pourtant, ils en auraient eu besoin! Mais tout le monde pensait à autre chose. Et quand le moment fut venu de préparer les sacs, je vous jure que ça ne traîna pas! En moins de deux minutes, tout le monde se retrouva dans la rue, sauf six enfants désespérés qui restaient à l'étude du soir. On se chamaillait autour de Marion: « Moi ! Moi ! Emmène-moi ! »

« Taisez-vous ou je n'emmène personne ! »

Tous se turent. Marion tira de sa poche le plan du quartier, que la classe avait étudié la semaine dernière. Quelques enfants avaient un peu peur. Céline se serrait contre ses amies Cynthia et Charlotte. Marion-la-Mignonne murmurait:

« Pourvu que les immeubles ne s'effondrent pas sur nous ! »

Autour d'Alice-la-Grande (Alice-la-Coquette restait à l'étude), quelques filles discutaient:

« Ça ne plaira pas aux gens, qu'on rentre chez eux ! » remarquait Emilie.

« Ils se plaindront à nos parents ! » ajoutait Hélène.

C'était la sagesse même. Mais Marion-la-Finaude n'aimait pas être contestée:

« Celles qui ne veulent pas venir peuvent rester ! »

Tout le monde voulait venir: l'aventure, c'est l'aventure ! Marion-la-Finaude consulta son plan du quartier. Puis elle désigna un immeuble:

« C'est ici qu'il faut entrer. »

« C'est plutôt en face ! » dit Alice-la-Grande, approuvée par Elisabeth et Anne-Lise.

« C'est plutôt à l'autre bout de la rue ! » dit Patrick, soutenu par Laurent-le-Malin et Matthieu.

« Ça dépend où on veut aller ! » fit remarquer Sébastien.

« Si on va vers le Nord, c'est de ce côté-là ! » dit Hélène.

« On ne va pas au Nord », dit Alice-la-Grande. « On va au Nord-Ouest. »

« Au Nord-Est ! » corrigea Benjamin. « On va au Nord-Est ! »

Marion-la-Finaude en avait assez de ces palabres. Elle tapait du pied : « C'est moi qui décide ! On ira où je voudrai ! En avant ! »

Elle attrapa le mur de l'immeuble le plus proche et le souleva. Les enfants se glissèrent dessous avec des frissons de frayeur. Hadrien resta dans la rue sans bouger :

« Je ne viens pas », dit-il. « Vous allez vous perdre. »

Hélène, qui s'était faufilée sous le mur avec le gros de la troupe, revint subitement sur ses pas, et, réflexion faite, Marion-la-Mignonne la suivit :

« Ça ne se fait pas d'entrer chez les gens ! » disaient-elles.

« C'est vrai ! » approuvèrent à leur tour Benjamin, Anne-Lise, Emilie et Jean-Eric. « Ça ne se fait pas ! »

Ils ressortirent.

« Décidez-vous ! » s'énervait Marion-la-Finaude. « Je ne soulèverai pas ce mur 107 ans ! »

« Je sors aussi ! » choisit Céline.

Elle fit ce qu'elle disait. Cynthia l'aurait bien imitée, mais le parfum de l'aventure la tentait. Elle resta. Marion-la-Finaude demanda :

« Y en a-t-il encore qui refusent de venir ? »

Plus personne. Les enfants avaient un peu peur et le groupe s'était resserré. Marion-la-Finaude laissa retomber le mur derrière elle. Le petit paquet d'« explorateurs » se trouvait dans un appartement modeste, et tout de suite, une dame poussa une porte et entra en disant avec inquiétude :

« Qui est là ? »

« C'est nous », répondit Marion. « Ne vous dérangez pas, nous ne faisons que passer ! »

La dame s'enfuit. Quelques élèves regrettaient déjà d'être entrés. Certains pensaient à la fessée qui risquait de couronner l'affaire. Mais on ne pouvait plus reculer...

« Dépêche-toi, Marion ! » chuchota Laurent-le-Malin.

« Je fais ce que je peux ! » répondit Marion.

Le plan du quartier entre les dents, elle souleva un second mur. Les enfants passèrent par-dessous. La dame, qui s'était réfugiée dans la salle voisine, vit les « explorateurs » surgir devant elle entre la commode et le canapé. Avec un second cri d'effroi, elle courut se cacher dans les cabinets. Elle pleurait. Tout le monde pensait de plus en plus fort à la fessée du soir. Charlotte claquait des dents.

Tous bousculaient Marion :

« Vite ! Vite ! »

« Je fais ce que je peux ! » répliquait Marion.

Elle souleva un troisième mur. Les aventuriers se glissèrent dans une chambre d'enfant. Un bébé jouait dans un parc. Les filles le caressèrent. Le bébé gazouillait et faisait des risettes.

« Guili-Guili ! Qu'il est mignon ! » s'attendrissait Alice-la-Grande.

Mais Marion soulevait le quatrième mur, et les garnements pénétrèrent dans une cuisine où une dame faisait sauter des crêpes. Avec un hurlement, la dame lâcha la poêle par terre et la crêpe tomba sur le pot de géranium de la fenêtre.

« Ne vous dérangez pas ! » dit Marion. « Nous ne faisons que passer ! Au revoir, madame. »

Elle souleva le cinquième mur, le groupe disparut de l'autre côté. La dame aux crêpes bondit au téléphone. On l'entendait appeler : « Allô ! Allô ! Police ! Des espèces d'extraterrestres sont entrés chez moi en soulevant un mur ! Venez vite ! »

« Les ennuis commencent ! » murmura Sébastien.

Tout le monde pensait à la fessée du soir. Aïe ! Aïe ! Aïe ! On aurait du mal à s'asseoir demain ! Mais Marion soulevait le sixième mur. Elle ne regardait même plus où elle allait, car elle paniquait elle aussi. Le groupe s'introduisit dans un salon Louis XV. Une vieille dame assise dans un fauteuil de velours regardait la télévision. Elle ne s'émut pas de voir les enfants, au contraire !

« Tiens ! » dit-elle. « De la visite ! C'est gentil ! Je m'ennuie tellement ! »

Quelques élèves s'approchèrent pour saluer la dame. Mais Marion venait de relever le septième mur et s'impatientait. La bande se faufila dessous en adressant des baisers à la vieille dame. Et le mur se referma. Les petits voyageurs étaient dans un appartement désert. Ils le traversèrent, poussèrent une porte et reculèrent tout à coup: un énorme chien de berger venait d'apparaître et montrait les dents.

« Ah ! J'ai peur ! » s'écria Cynthia en se cachant derrière Charlotte.

« Ah ! J'ai peur ! » s'écria Charlotte en courant se cacher dans une armoire.

La bande s'éparpillait, Laurent-des-Antilles bondit sur la table en criant « maman » ! Le chien grondait. Baptiste ne recula pas:

« Ce n'est qu'un chien », dit-il. « Venez donc ! »

Et il avança. Le chien était menaçant. Baptiste lui parlait doucement en s'approchant:

« Bonjour, le gros toutou ! Il est beau le toutou ! Il est gentil ! Là ! Du calme ! »

Le chien aboya, pour la forme. Puis il bâilla. Baptiste le caressa. Il appela les autres:

« Vous pouvez venir, à présent. »

Marion souleva le huitième mur. Tout le monde le franchit en imaginant la fessée du soir:

« Qu'est-ce qu'on va prendre ! » murmurait Sandra.

La petite troupe franchit le neuvième mur. Lola poussa un cri:

« Le chien nous a suivis ! »

Bref. La bande traversa le pâté d'immeubles en direction de la rue Mouffetard où demeurait

Marion. Elle déboucha dans un grand salon où une dame en robe longue jouait du piano et chantait.

Quand elle vit surgir ce troupeau d'olibrius, la chanteuse fit : « COUAC ! »

Le chien répondit par un aboiement. La dame se leva si précipitamment qu'elle renversa le tabouret du piano.

« Excusez-nous », dit Marion. « Nous ne faisons que passer. Nous allons rue Mouffetard. »

La dame se ressaisissait. Elle sourit :

« Rue Mouffetard ? Vous lui tournez le dos. Ici, c'est la rue Descartes. »

La troupe s'était immobilisée, l'air stupide.

« Je te l'avais dit ! » fit remarquer Alice-la-Grande.

« Zut ! Il faut revenir en arrière ! » grommela Marion.

Le chien aboya tandis que la fillette faisait demi-tour vers le mur. Chacun était sûr maintenant que la peau des fesses lui cuirait au retour. Aïe ! Aïe ! Aïe ! Il y aurait des larmes et des grincements de dents ! Lola et Cynthia pleuraient déjà !

Quand Marion souleva le mur, personne ne voulut passer par-dessous.

« Je ne viens pas ! » dit Alice-la-Grande. « Je préfère repartir par les rues ! »

Les autres étaient de son avis.

« Tu nous avais dit qu'on gagnerait du temps à traverser le pâté d'immeubles », reprocha Elisabeth. « Au lieu d'en gagner, on en a perdu ! »

« Quelle heure est-il ? » s'inquiéta Romuald.

« Six heures moins le quart, madame Placard ! » répondit la dame en riant.

Les enfants poussèrent une exclamation de désespoir.

« Ma mère doit m'emmener chez le dentiste ! » s'écria Emmanuel.

« J'ai ma leçon de tennis ! » dit Sonia.

« Je dois passer prendre mon frère à la maternelle ! » dit Charlotte.

Et ils regardaient autour d'eux avec affolement. La dame devina ce qu'ils cherchaient. « La porte est par là », dit-elle en indiquant la direction.

Les enfants se sauvèrent comme une volée d'étourneaux sans même dire au revoir. Marion resta seule chez la dame. Elle était triste et regardait ses souliers.

« Je me suis trompée de direction », murmura-t-elle.

« Ça peut arriver à tout le monde », dit la dame pour la consoler.

Marion était au bord des larmes.

« Pourtant, j'avais consulté le plan. »

La dame l'embrassa. Elle caressa le chien qui était resté, lui aussi.

« C'est à toi, ce gros toutou ? » demanda-t-elle.

« Non », répondit Marion. « Il nous a suivis. Je ne sais même pas à qui il appartient. »

La dame secoua la tête en souriant. Elle prit Marion par l'épaule.

« Viens », dit-elle. « On va se faire un thé, avec des gâteaux. Aimes-tu les gâteaux? »

Marion hocha la tête en signe d'assentiment. Le chien avait l'air d'aimer les gâteaux lui aussi, car il suivit le mouvement en agitant la queue.

C'est ainsi que s'acheva la grande exploration du quartier Marcel-Aymé par les enfantastiques. Il paraît qu'ils vont recommencer, car ils ont acheté une boussole.

L'enfant qui se déplaçait à portée de vue

Un dimanche matin, tandis qu'il venait de faire la grasse matinée, il arriva une mésaventure étrange à Sébastien. Figurez-vous qu'il était assis à la tête du lit et qu'il regardait un petit coussin vert à ses pieds. Il ferma les yeux une seconde, puis il les rouvrit. Que vit-il? La tête de son lit. Oui madame! Il était maintenant assis sur le coussin vert, au pied du lit, et il regardait l'emplacement où il se trouvait l'instant d'avant!

« Saperlipopette ! » murmura Sébastien. « Mon lit aurait-il fait demi-tour pendant que je fermais les yeux ? »

Alors il fixa son oreiller à la tête du lit. Il ferma les yeux une seconde et... lorsqu'il les rouvrit, il était de retour à sa première place. Il voyait le coussin vert à ses pieds.

« Voilà qui n'est pas banal ! » se dit-il.

Il se leva, s'habilla, passa dans la salle de séjour. Il se tenait dans l'entrée et regardait la fenêtre ouverte dans le mur opposé. Dehors, le soleil brillait. Sébastien ferma les yeux pour se régaler de la chaleur solaire. Et... quand il les rouvrit... il était debout près de la fenêtre, en train de regarder la porte d'entrée qu'il n'aurait jamais dû quitter.

« Saperlipopette! Aurais-je un pouvoir fantastique ? »

Dehors, quelqu'un appelait. L'enfant regarda par la fenêtre. Cinq étages plus bas, sur le trottoir, son ami Benjamin le saluait en faisant de grands gestes.

« Il faut que je te raconte une chose qui m'arrive ! » lui cria Sébastien.

« Quoi ? » cria Benjamin. (Ils criaient à cause des voitures.)

« Un truc invraisemblable ! » cria Sébastien. « Figure-toi que... »

Il ferma les yeux une seconde parce que le soleil l'éblouissait. Et quand il les rouvrit... il se retrouva cinq étages plus bas sur le trottoir, à côté de l'ami Benjamin.

Tous deux côte à côte regardaient ensemble la fenêtre vide où Sébastien aurait dû être, et où il n'était plus.

« Et voilà le travail ! » dit Sébastien.

Benjamin sursauta : « Tu te déplaces plus vite que le T.G.V. ! »

Il regardait avec incrédulité tour à tour son camarade et la fenêtre de l'appartement.

Sébastien devina sa pensée : « Je n'ai pas sauté, rassure-toi ! » dit-il. « Je crois que je me déplace où se posent mes yeux. »

« Comment ça ? » demanda Benjamin.

« Je regarde quelque part. Puis je ferme les yeux. Et je me retrouve à l'endroit que je regardais. Suis-moi ! Je vais te faire une démonstration ! »

Ils se mirent en marche sur le trottoir jusqu'à l'entrée de la place de la Contrescarpe. La place était ensoleillée. Des touristes étaient aux terrasses des cafés, et des clochards étaient assis par terre à l'ombre des catalpas.

« Maintenant », annonça Sébastien, « je vais regarder de l'autre côté de la place. »

« Vers la rue Mouffetard ? »

« Oui. »

« Et alors ? »

« Alors je vais fermer les yeux et... »

Il n'eut pas le temps de terminer sa phrase, car il se retrouva de l'autre côté de la place, à l'entrée de la rue Mouffetard. Il faisait de grands saluts à Benjamin pour attirer son attention, car Benjamin le cherchait autour de lui au lieu de regarder où l'enfantastique avait annoncé qu'il irait.

« Hou ! Hou ! » appelait Sébastien.

Peine perdue. Benjamin regardait à droite et à gauche avec égarement. Sébastien referma les yeux et... revint à côté de son ami, qui sursauta :

« Holà ! »

« Et voilà le travail ! » dit Sébastien.

« Où étais-tu passé ? »

« A l'autre bout de la place. Je me déplace à portée de ma vue. Amène-toi ! »

Ils traversèrent la place en se promenant. La vieille dame aux pigeons arrivait justement et les pigeons lui faisaient fête. Elle tira des graines de son cabas noir et les leur lança. Les pigeons voletaient autour d'elle, se posaient sur ses bras. Les enfants la saluèrent.

« Bonjour, les enfants ! » répondit la vieille dame. « Où allez-vous comme ça ? »

« J'expérimente un pouvoir neuf », répondit

Sébastien. « Je peux aller partout où je regarde. »

« Tout le monde a ce pouvoir-là », fit remarquer la vieille dame. « Tout le monde regarde où il va. Sauf les aveugles, bien entendu. »

« Oui, mais moi, j'y vais sans marcher ! » dit Sébastien.

« Volerais-tu ? » demanda la vieille dame.

« Non. Je vais encore plus vite. Vous voyez la pendule, au coin de la rue Descartes ? »

« Il est dix heures quatorze », dit la vieille dame.

« Eh bien, en fermant les yeux, je me retrouverai au pied de la pendule instantanément ! »

La vieille dame avait mal compris. Elle éclata de rire :

« C'est facile ! » dit-elle. « Si je ferme les yeux, tu en profiteras pour y aller ! »

« Non ! Non ! » dit Sébastien. « VOUS, regardez la pendule. Ne la quittez pas des yeux. Et MOI, je fermerai les yeux, et je serai transporté là-bas aussitôt ! Regardez ! »

Il fit ce qu'il disait et... il se retrouva appuyé d'un air nonchalant à la pendule que la vieille dame n'avait pas quittée des yeux. Elle fut bien étonnée. Pourtant, elle avait assisté à plus d'un tour fantastique depuis que le quartier grouillait d'enfants bizarres avec des pouvoirs incroyables. Alors Sébastien referma les yeux et... revint entre elle et Benjamin.

« Et voilà le travail ! » dit-il. « Qu'est-ce que vous en pensez ? »

« C'est vrai que ce n'est pas ordinaire », avoua la vieille dame. « Mais tu as tout de même intérêt à réfléchir où tu poses tes regards, mon mignon ! »

« Pourquoi ? »

« Imagine que tu regardes la mer et que tu fermes les yeux. Tu te retrouveras dans la flotte et tu boiras la tasse ! »

« Saperlipopette ! »

Sébastien se grattait la tête. Il n'avait pas pensé à cela.

« C'est vrai ! » dit alors Benjamin. « Et si tu regardes un incendie, tu iras te brûler les fesses dedans ! »

« Saperlipopette ! »

« Et si tu vas au zoo de Vincennes », dit la vieille dame, « tu risques de finir en viande hachée dans la gueule des lions que tu auras regardés ! »

« Saperlipopette ! Mais c'est un vrai film-catastrophe ! »

Sébastien n'était plus pressé de faire des expériences.

« Je rentre à la maison », dit-il.

Benjamin y revint avec lui. Les parents de Sébastien étaient encore en robe de chambre. Ils ignoraient que leur fils était allé se promener ; d'ailleurs, la porte était verrouillée de l'intérieur.

« Forcément », expliqua Benjamin. « Sébastien est sorti par la fenêtre. »

« Par la fenêtre ! » s'écria la mère de Sébastien. « Du cinquième étage ! »

« Il a un pouvoir », expliqua Benjamin.

« Qu'est-ce que c'est que cette histoire ! » dit le père.

« S'il regarde un endroit et qu'il ferme les yeux », expliqua Benjamin, « il s'y trouve tout de suite transporté. Montre-leur, Sébastien. »

Sébastien n'avait plus envie de montrer quoi que ce soit.

« Je vais me coucher », dit-il. « Je n'ai pas envie de me faire dévorer par les lions. »

« Quoi ? » dit le père. « De quels lions parle-t-il ? »

« C'est parce qu'il a peur de tomber dans la mer », expliqua Benjamin, tandis que Sébastien passait dans sa chambre.

« Quoi ? » répéta le père. « Des lions dans la mer ? »

« Je vais vous expliquer », dit Benjamin.

Et, pendant que Sébastien s'étendait sur son lit, Benjamin entreprit de renseigner les parents de son ami. Soudain, ils entendirent un cri.

« Sébastien ! » s'écria la mère.

Elle courut à la chambre de son fils ; le père la suivit. Ils regardaient le lit vide avec inquiétude. Ils cherchaient l'enfant sous les meubles. Ce fut Benjamin, entré derrière eux, qui le découvrit... couché sur le dos au plafond.

« Il est là », dit-il.

« Où ? Où ? Où ? » s'écriaient le père et la mère.

« Au plafond. »

« Qu'est-ce que tu fais là, Sébastien ? » demanda la mère. « Descends ! »

« J'ai regardé le plafond », répondit Sébastien. « Je n'aurais pas dû ».

« Descends ou je me fâche ! » cria le père.

Il était monté sur le lit et il essayait d'attraper les jambes de son fils.

« Ce n'est pas comme ça qu'il descendra », observa Benjamin.

« Et comment ? » demanda le père. « Descends, garnement ! »

« Il suffit qu'il regarde à terre », expliqua Benjamin.

« C'est vrai », confirma Sébastien.

« Mon œil ! » dit le père.

Mais Sébastien regarda par terre, ferma les yeux et… se retrouva sur le plancher. Le père voulut l'attraper. Alors Sébastien regarda un mur du salon, ferma les yeux, et se retrouva debout sur le mur à côté d'un tableau.

« Coucou ! » disait-il.

Le père s'efforçait de l'attraper, c'était maintenant un jeu. Mais chaque fois qu'il croyait capturer son fils, l'enfant regardait ailleurs dans la chambre, il fermait les yeux et se retrouvait hors de portée des mains paternelles. Il riait. Il semblait bondir d'un mur à l'autre et du plafond au plancher.

« Hi ! Hi ! Hi ! » riait son ami Benjamin. « Il ressemble à une sauterelle dans un bocal ! »

A la fin, pourtant, le père se lassa. Il était essoufflé.

« Pouce ! » dit-il. « Je n'en peux plus. »

Il se laissa tomber dans un fauteuil. La mère se tourna vers Sébastien :

« Cesse de jouer », dit-elle. « Viens ici. »

L'enfant s'approcha. La mère le serra contre elle.

« Tu nous effraies ! » dit-elle. « Un pouvoir comme celui-là n'est pas naturel ! Regarde ton ami Benjamin. Est-ce qu'il a ce pouvoir ? »

« Non », avoua Benjamin.

« Tu vois », dit la mère à Sébastien. « Benjamin est normal, lui. Il ne joue pas à ses parents des tours invraisemblables ! »

« Oui Maman », disait Sébastien.

« Promets-moi d'essayer de lui ressembler. »

« Oui Maman. »

Le père se leva. « Il ne s'agit pas seulement », dit-il, « d'être poli avec ta mère et de répondre oui à ce qu'elle te demande pour lui faire plaisir ! Il s'agit de te comporter normalement ! »

« Oui Papa. »

L'affaire s'arrangeait. Benjamin consulta sa montre :

« Presque midi ! Il est temps que je m'en aille ! »

Il salua tout le monde et il s'en alla. C'est-à-dire que... Voyez-vous, le pèrc et la mère de Sébastien se tenaient devant la porte. Alors, quand Benjamin sortit, il marcha droit devant lui et... il traversa les parents !

« Et voilà le travail ! » dit-il en sortant.

Le père et la mère étaient époustouflés. Ils en bégayaient :

« Il-il-il est pa-passé à tr-travers nous ! C'est - c'est impossible ! Il-il-il... Mais qu'est-ce qu'il a donc ? »

« Rien », dit Sébastien. « Sauf qu'il est normal. On est tous comme ça dans la classe ! »

Là-dessus, il fit un clin d'œil et quitta la pièce. Garnement !

L'enfant aux korrigans

Baptiste était venu voir le maître à son bureau pendant que ses camarades écrivaient.

« Je sais pourquoi je fais des fautes d'orthographe. »

« Bonne nouvelle ! » dit le maître.

« C'est parce qu'il y a des petits bonshommes affreux dans mon casier. »

Le maître éclata de rire. Baptiste restait sérieux, cependant. Le reste de la classe, occupé à rédiger un paragraphe sur la visite du Musée de la Marine, releva la tête en entendant le maître rire de si bon cœur. « Ah ! Ah ! Ah ! » Baptiste poursuivait :

« Je les ai vus ! Ils sont une dizaine, hauts comme des pinces à linge avec des têtes horribles ! Ils sont habillés bizarrement ! »

« Ah ! Ah ! Ah ! » riait le maître. « Avec des petits chapeaux pointus turlututu ? »

« Comment que tu as deviné ? » dit Baptiste. (Il tutoyait tout le monde, même le maître.)

« Ah ! Ah ! Ah ! » riait le maître. « Je n'ai pas deviné ! Ah ! Ah ! Ah ! Mais ce sont des korrigans que tu me décris ! Ah ! Ah ! Ah ! Il n'y en a que dans les contes de fées ! Ah ! Ah ! Ah ! »

Comme le maître s'esclaffait, la classe était joyeuse aussi, par contagion. Baptiste soupira :

« Il y a plein d'*ouragans* dans mon casier ! » dit-il en se trompant de mot. « Ils me font faire des fautes d'orthographe ! »

Le maître pleurait de rire : « Ah ! Ah ! Ah ! » Il dut essuyer ses lunettes.

« Et comment te font-ils faire ces fautes? Ah! Ah! Ah! »

« Tu ne me crois pas? » demanda Baptiste.

« Pas tellement! » avoua le maître entre deux quintes de rire.

« Pourtant, je dis la vérité! Demande à Emmanuel! »

« D'accord! Ah! Ah! Ah! » dit le maître. « A ceci près qu'Emmanuel fait presque autant de fautes que toi! Ah! Ah! Ah! Mais peut-être son casier grouille-t-il également de korrigans? »

« Non », répondit Baptiste. « Ils sont dans le mien. »

« Et comment te font-ils faire des fautes? Ah! Ah! Ah! »

« Quand je veux écrire un mot, ils attrapent le bout de mon stylo, et me font écrire autre chose! »

La classe et le maître explosèrent de rire. Baptiste insista:

« Tiens! Ce matin, dans la dictée de mots, je voulais écrire *chapeau* C-H-A-P-E-A-U, eh bien, ils ont fait déraper mon stylo pour écrire C-H-A-P-O-T. C'est à cause des affreux bonshommes! Ils me font tout le temps des grimaces! »

Le maître était secoué de rire. Il se leva et se dirigea vers le casier de Baptiste. Le garçon devina son intention:

« Tu ne les verras pas! » le prévint-il.

« Ah! Ah! Ah! Parce qu'ils n'existent pas? » fit le maître.

« Parce qu'ils ne se montrent QUE pour m'embêter ! » dit Baptiste.

Le maître se pencha, regarda en riant dans le casier. Il fit entendre un sifflement :

« Je suppose... Ah ! Ah ! Ah !... que ce sont les korrigans qui rangent tes affaires ? On se croirait au marché aux puces ! Ah ! Ah ! Ah ! »

Il entreprit de vider le casier de Baptiste.

« Faisons l'inventaire ! Ah ! Ah ! Ah ! Des feuilles de papier chiffonnées. Des images. Un carnet. Une bande dessinée. Un jeu de cartes des sept familles. Une petite auto. De la pâte à modeler. Deux billes. Trois livres et quatre cahiers, tout de même. Une cuiller – allez donc savoir ce qu'elle fait là ! Un Goldorak en plastique. Un autocollant. Des bonbons. Et pour couronner le tout, *un* chausson de gymnastique. Savoir où est l'autre ! Ah ! Ah ! Ah ! »

« Il y en avait deux tout à l'heure », assura Baptiste. « Les korrigans m'en ont piqué un ! »

« Certainement ! » approuva le maître en se penchant pour jeter un coup d'œil au casier d'Emmanuel. « Ah ! Ah ! Ah ! Ce sont les korrigans qui l'ont transporté dans le casier de ton voisin ! »

« Ça, c'est sûr ! » dit Baptiste.

La classe pouffait de rire. Le maître essaya de regarder Baptiste avec sévérité en croisant les bras, mais il riait malgré lui :

« Regarde ton casier vide, à présent ! Ah ! Ah ! Ah ! Dis-moi ce que tu y vois ? »

Baptiste se baissa et se releva aussitôt :

« Je vois un korrigan avec une trogne verte et une verrue rouge sur le nez ! »

« Ne mens pas, Baptiste ! » dit le maître en s'efforçant de rester grave.

« Il y est ! » assura Baptiste. « Même qu'il tire la langue et me fait « Hou les cornes ! »

Le maître secouait la tête et se mordait les lèvres pour s'empêcher de rire. Les plus proches voisins de Baptiste, Laurent-des-Antilles, Sandra, Jennifer et Cynthia, se précipitèrent à quatre pattes devant le casier pour tâcher d'y voir quelque chose. Mais le maître leur ordonna de regagner leurs places. Ils lui obéirent à regret sans avoir rien vu.

« Range tes affaires dans ton casier », dit le maître à Baptiste.

« Ça ne sert à rien de les ranger », soupira Baptiste. « *Ils* les dérangeront. »

« Range-les quand même ! » exigea le maître. « Et vous, remettez-vous au travail ! »

Tout le monde se remit gaiement à l'ouvrage tandis que Baptiste rangeait ses affaires. Puis Baptiste revint voir le maître à son bureau :

« Si tu veux les voir », murmura-t-il, « tu n'as qu'à revenir en cachette dans la classe quand on sera partis. Moi, je les ai vus hier, à midi, parce que je suis revenu chercher mon auto pendant la cantine. Ils faisaient la ronde sur ma table. Il y en avait un qui soufflait dans une espèce de sac avec une flûte au bout, et ça faisait une drôle de musique ! »

Le maître sourit, amusé : « Tu veux parler d'une cornemuse ? As-tu bien rangé ton casier ? »

« Oui. J'ai mis les livres et les cahiers ensemble à gauche et le reste à droite. Mais je suis sûr qu'*ils* dérangeront tout ! »

Le maître se releva en hochant la tête. Une fois encore, les enfants le virent se pencher sur le casier de Baptiste... et pousser un cri de colère :

« Baptiste ! Range ce casier convenablement ! Tout y est sens dessus dessous ! Tu n'as rien rangé ! »

« J'ai rangé, mais ce sont les petits bonshommes qui... »

« Taratata ! » s'écria le maître. « Va t'asseoir à côté de Sarah ! »

Baptiste ramassa son cahier de brouillon et son stylo, et alla s'installer auprès de Sarah. Le maître rangea lui-même son casier. Quand il eut terminé, il se frotta les mains et regagna son bureau :

« Et voilà le travail ! » dit-il en souriant. « On verra si messieurs les korrigans reviennent y faire leur désordre ! »

Il s'assit. A côté de Sarah, Baptiste ne le quittait pas des yeux. Malgré lui, le maître ne put réprimer un sourire. Baptiste était gentil, malgré ses fantaisies. Mais comme il désirait encore parler, le maître lui fit « non » de la tête, et l'invita plutôt à travailler, en désignant son cahier. Baptiste accepta. Il y eut dix minutes de paix dans la classe. Le maître en profita pour aller contrôler le paragraphe des élèves les plus lents. Au passage, mine de rien, il se courba pour jeter un coup d'œil au casier de Baptiste, et s'immobilisa. Aussitôt, tout le monde se retourna. Le maître reluquait le casier avec hébétude.

« Emmanuel? » dit-il. « As-tu dérangé les affaires de ton camarade? »

« Non. »

L'enfant ne mentait pas. Le maître l'avait vu travailler. Pourtant, le casier de Baptiste était de nouveau en désordre.

« Je t'avais prévenu! » dit Baptiste sur un ton fataliste. « Ce sont les korrigans! Ils sont une dizaine dans le casier! »

« Ne dis pas de sottises », répliqua le maître. « Les korrigans n'existent pas. »

« Pourtant je les ai vus! » s'entêta Baptiste. « Ils cramponnent mon stylo quand j'écris! »

« Baptiste! Oh, Baptiste! Arrête! »

Baptiste fit un geste qui voulait dire à peu près: moi, je dis ce que je sais, si tu ne veux pas me croire, tant pis. Les élèves étaient intrigués:

« Et s'il disait la vérité? » murmura Emilie.

« Si les korrigans existaient? » poursuivit Anne-Lise.

« Si c'était vrai qu'ils empêchent Baptiste d'écrire? » développa Alice-la-Coquette.

« Et si on mettait Paris dans une bouteille de Coca-Cola? » répliqua le maître. « Est-ce que ça ferait des bulles de gaz carbonique dans la Seine? Allez! Remettez-vous au travail! »

Tout le monde s'y remit en riant. Mais ce fut le maître qui rouvrit la discussion:

« Pourquoi y aurait-il des korrigans dans le casier de Baptiste et pas dans ceux de Julie ou de Céline? »

« Il y en a peut-être aussi », murmura Julie. « Mais ils ne nous font pas de méchancetés. »

« Dans ce cas, ce ne sont pas des korrigans! » déclara le maître. « Car les korrigans ne font jamais de bien aux humains! – Dans les légendes », ajouta-t-il, « bien entendu. »

Alors, tout le monde reprit son ouvrage. De temps en temps, des élèves se tournaient vers Baptiste pour l'interroger du regard. Mais il ne répondait pas; il s'appliquait à écrire en tirant la langue. Des enfants avaient terminé et montraient leurs brouillons au maître. Ils se groupaient autour de son bureau. Le maître les aidait à réfléchir. Ils en profitaient pour bavarder entre eux et avec lui:

« Les korrigans? » demandait Elisabeth. « D'où viennent-ils? »

« Ce sont des personnages des légendes bretonnes », dit le maître en lisant le paragraphe que la fillette lui présentait. « Dis donc, Elisabeth? Tu parles des galions dans la deuxième phrase et des caravelles dans la troisième… »

Elisabeth porta vivement la main à sa bouche:

« J'aurais dû faire le contraire! »

Elle partit à sa place corriger.

« Vérifie l'enchaînement! » lui rappela le maître en prenant un nouveau cahier.

« Mais les korrigans? » demanda Jennifer qui attendait son tour. « Tu n'as pas dit d'où ils viennent? » (Elle tutoyait le maître, elle aussi.)

« Ce sont des esprits des landes et des forêts. Ils vivent dans les arbres. »

« Si ça se trouve », dit Hélène, « ils étaient dans le bois qui a servi à fabriquer le casier de Baptiste? »

« Pourquoi pas? » fit le maître qui trouvait l'idée ingénieuse.

En même temps, il soulignait un groupe de mots sur le brouillon de Jennifer:

« Comment appelait-on les hommes qui ramaient sur des galères? »

« Heu… Des galériens! » répondit Jennifer.

Elle partit corriger. Le maître prit un autre brouillon.

« Moi, j'aimerais bien voir les korrigans! » dit Emilie.

« Baptiste a de la chance! » dit Julie.

« Est-ce que c'est vrai qu'il suffirait de revenir quand la classe est déserte? » demanda Hadrien. « C'est Baptiste qui le prétend. »

« C'est faux », dit le maître. « Je suis souvent à travailler dans la classe quand vous n'y êtes pas! Et je n'ai jamais vu de korrigans. »

« Mais vous n'avez jamais regardé dans le casier de Baptiste », fit remarquer Hadrien.

« En effet », admit le maître.

Il encerclait des mots répétés trois fois de suite dans le paragraphe de Céline : « J'ai vu », « j'ai vu », « j'ai vu ». La fillette s'en alla corriger à sa place. Depuis un petit moment, Emilie et Hélène bavardaient à voix basse. Elles s'étaient mises d'accord. Ce fut Hélène qui parla pour les deux :

« Et ? » proposa-t-elle. « Si on essayait de les surprendre ? Par exemple en jetant de la farine dans le casier ? S'il y a des korrigans, ils laisseront des empreintes de pas ? »

« Nous n'avons pas de farine », objecta le maître.

« Alors avec de la craie », dit Emilie.

Le maître sourit. Les fillettes étaient inventives. Il ne fallait pas les décevoir :

« Entendu. Occupez-vous de ça toutes les deux. »

Le maître prit un nouveau cahier. Emilie et Hélène raclèrent des craies blanches sur le bureau de Baptiste et dans son casier. A peine avaient-elles achevé de répandre leur poussière que l'heure de la récréation arriva. Les élèves ne voulaient pas y aller, mais le maître les fit descendre dans la cour. Ils ne s'y amusèrent guère tant était grande leur impatience de voir le piège fonctionner. Ils étaient fébriles en remontant en classe.

« Il y aura des traces ! » assurait Baptiste. « *Ils* viennent danser dès que nous sommes partis ! »

Hélas ! Quelle déception ! Nulle empreinte de pas sur le bureau de Baptiste !

« Ils ne sont pas venus ! » soupiraient les enfants avec regret.

« Il faut regarder dans le casier ! » dit Baptiste.

Lui et Laurent-le-Malin se penchèrent aussitôt. Il se produisit une chose inattendue ! Il y eut comme un grand éternuement du casier : ... TCHOUM ! Et toute la poussière de craie fut soufflée au visage des deux garçons ! Ils poussèrent un cri et se reculèrent en sursaut, la face aussi blanche que celle de Pierrot. La classe avait eu peur. Le maître écarta les élèves pour scruter à son tour l'intérieur du casier. Il se releva en secouant la tête.

« Je ne vois rien », avoua-t-il.

Pourtant, il y avait quelqu'un, puisque l'éternuement avait recouvert de craie les deux petits curieux. Tous leurs camarades se bousculaient pour tenter de surprendre le secret du casier. Mais en vain.

« Tu vois », dit Baptiste au maître en s'essuyant le visage, « tu vois que mon casier est plein de korrigans ! »

« Tu vas changer de place », dit le maître. « Personne ne s'assiéra plus à celle-ci. »

« Tu me crois maintenant ? » demanda Baptiste.

« Ça dépend », répondit le maître en souriant.

« De quoi ? »

« Va donc au tableau, écrire la question que tu viens de me poser ! »

Baptiste alla donc au tableau, prit la craie, écrivit en tirant la langue pour mieux s'appliquer : « ESSE KE TU ME KROI MINTENAN ? »

Les élèves poussaient des cris à cause des fautes d'orthographe. Alors Baptiste corrigea KROI en y ajoutant un X. La classe rit de plus belle. Pourtant, n'est-ce pas, Baptiste n'était plus à la place des korrigans ; il ne pouvait accuser personne de faire dévier sa craie.

Le maître prit la craie à son tour, et il écrivit, dans le style de Baptiste : « JE TE KROIRÉ SI TU NE FÉ PLU DE FOTE DORTOGRAF A TA NOUVEL PLASSE. »

Baptiste avait compris. Il sourit et il murmura :

« Pourvu que les korrigans n'aient pas déménagé avec moi ! »

L'éléphant en peluche

C'était un très gros chagrin. Elisabeth attrapa son éléphant en peluche et se retira dans sa chambre en criant :

« C'est injuste ! »

La famille riait :

« La voilà partie avec son éléfanfan la tulipe ! » disait le frère.

« Avec son éléfanfreluche ! » corrigeait le père.

Elisabeth n'écoutait pas. Elle serrait l'éléphant sur son cœur en reniflant son énorme chagrin. Le frère et la sœur chantaient derrière elle pour la faire enrager :

« Un éléphantillage, ça trompe, ça trompe ! »
Un éléphantillage, ça trompe énormément ! »

L'enfant se réfugia dans sa chambre, se coucha, éteignit la lumière. Elle cajolait son éléphant. Elle l'embrassait, elle lui confiait ses peines en reniflant :

« Tu comprends, Tambo », disait-elle, « c'est parce que je n'ai pas attendu mon frère à la sortie de l'école ! Snif ! Je suis partie toute seule à ma leçon de piano ! Snif ! J'ai traversé les rues toute seule ! Snif ! Et mon frère m'a attendue pour rien ! Snif ! Je croyais bien faire mais on m'a grondée ! C'est injuste ! »

Elle sentit quelque chose glisser sur sa joue dans l'obscurité. C'était humide et tiède et râpeux. Comme si on la léchait. La fillette recula, cherchant l'interrupteur. Elle cria. Quelque chose lui avait saisi le bras. Elle cria de plus belle !

« Que se passe-t-il ? »

Les parents accourent, donnent de la lumière. Que découvrent-ils ? Tambo, l'éléphant en peluche, s'était mis à vivre. Il trottait sur le lit. C'était lui qui avait léché les larmes de sa petite maîtresse, lui qui avait enroulé sa trompe autour de son bras. De la taille d'une grosse poupée, il regardait le père et la mère d'un œil malicieux. Elisabeth l'attira contre elle avec amour :

« Mon petit Tambo ! Il est vivant ! Comme il est mignon ! »

Le père se grattait le menton. La mère se grattait la tête. Et le frère, qui venait d'entrer en pyjama, se grattait le bout du nez. (La sœur était restée couchée.) Le père se pencha pour caresser la trompe de l'éléphanteau.

« Il a une petite trompe », constata le frère.

« C'est une trompinette ! » dit le père.

Et il récita le poème de Boris Vian : « *Y en a qu'ont des trompinettes et des bugles et des serpents* ». La mère déclara :

« Il faudra le nourrir, cet éléphanteau. Que lui donnerons-nous à manger ? »

« Nous aviserons demain ! » lui répondit le père.

Et il éteignit la lumière. La famille se retira. Elisabeth se recoucha. Elle cajolait Tambo, elle lui racontait son chagrin, comment elle avait été grondée alors qu'elle avait cru bien faire. Tambo se pelotonnait dans ses bras quand elle s'endormit.

Elle s'éveilla une heure plus tard avec une sensation de lourdeur et d'engourdissement dans le bras gauche. Elle se dégagea. En réponse, un barrissement se fit entendre.

« Qu'est-ce que c'est que ça? » s'écria le père éveillé en sursaut dans la chambre voisine.

« Tais-toi, Tambo! » chuchota Elisabeth à son animal.

Elle cherchait sa trompe à tâtons. Quand elle la trouva, elle ne put retenir une exclamation: c'était comme un boa sur le lit! « Holà! » cria-t-elle.

Et elle alluma. Le père et la mère accoururent. Le frère accourut. Même la sœur finit par se montrer en bâillant. Que virent-ils? Tambo avait doublé de volume! Il était de la taille d'un berger allemand, son ventre ballonnait sous la couverture. De ses yeux coquins, il dévisageait la famille.

« C'est un éléfantastique! » murmura le frère.

« Il a pris du poids! » constata le père. « Qu'est-ce que tu lui as donné à manger, Elisabeth? »

« Rien du tout, papa. »

« Il ne faudrait pas qu'il grandisse encore! » s'inquiéta la mère.

Mais au même moment, Tambo se redressa: il grandit encore de trente centimètres, et poussa un fort barrissement.

« Saperlipopette! » s'écria le père. « Il est presque aussi gros qu'un veau! »

« Il faudrait le sortir! » dit la mère. « Sinon, il va faire des dégâts! »

« En pleine nuit? » objecta le père. « Où l'emmènerons-nous? »

« Au Jardin des Plantes ! » répondit la mère.

« Non ! » protesta Elisabeth. « Je ne veux pas que mon Tambo s'en aille ! Je veux qu'il reste auprès de moi ! »

Elle se remit à pleurer en couvrant de baisers la large tête rugueuse de son éléphant.

« Nous ne verrons personne au Jardin des Plantes à cette heure-ci ! » estima le père avec embarras.

« Il faudra y conduire Tambo dès demain matin », murmura la mère. « En attendant, si nous essayions de le loger dans la salle de bains ? »

Mais Elisabeth poussa les hauts cris ! Elle se cramponnait à l'éléphant. « Je veux qu'il reste dans mon lit ! C'est MON Tambo ! »

« D'accord ! » dit le père. « Mais qu'on ne l'entende plus ! »

La famille se retira, le père éteignit la lumière. Dans le noir, Elisabeth faisait ses recommandations à voix basse :

« Couche-toi, mon mignon ! Sois sage ! Fais dodo ! »

Elle traitait l'éléphant comme s'il était toujours en peluche. Et Tambo répondait en passant sa trompe sur la figure de la fillette. Alors, elle lui raconta ses malheurs, comment elle avait traversé les rues toute seule et failli se faire écraser rue Monge, tout ça parce qu'elle aurait dû attendre son frère ! « Ce n'est pas ma faute ! » répétait-elle. « Et on m'a grondée ! C'est injuste ! » Elle s'endormit en grommelant.

Un fracas la tira de ses rêves: PATATRAS!

« Qu'est-ce que c'est que ça? » s'écria le père dans la chambre voisine.

« Qu'est-ce que c'est que ça? » s'écria la mère.

« Qu'est-ce que c'est que ça? » s'écrièrent le frère et la sœur dans leurs chambres.

Elisabeth était par terre avec l'éléphant. L'animal avait encore tellement grandi et forci qu'il venait de briser le lit. Il était aussi volumineux qu'une vache laitière.

« Et voilà le travail! » fit le père à la vue des dégâts.

« Ça ne serait pas arrivé si tu avais mené Tambo au Jardin des Plantes », fit remarquer la mère.

« Il n'est pas trop tard pour bien faire! » dit le père. « Je vais le conduire au commissariat! »

« Je ne veux pas! » protesta Elisabeth. « Mon Tambo! »

Elle était en chemise de nuit, nettement plus petite que l'éléphant, et se suspendait à son cou. Le père et la mère ne souhaitaient pas lui faire de peine, mais l'animal devenait encombrant. Ils tentèrent de raisonner leur fille:

« Ce pachyderme ne peut plus demeurer chez nous. Il sera plus au large au Jardin des Plantes. Rends-toi compte! Ici, il casserait les meubles, et toute vie de famille deviendrait impossible! »

Elisabeth hésitait. Elle aimait Tambo et ne voulait pas le voir partir. Mais les parents n'avaient pas tort.

« Je vais chercher une banane ! » dit le père.

Il passa dans la cuisine et revint en épluchant le fruit. Immédiatement, Tambo tourna la tête, allongea la trompe. Le père était dans le couloir ; Tambo fit un pas en avant pour le rejoindre.

« Tambo ! » cria Elisabeth.

« Ne pleure pas », dit la mère en attirant l'enfant pour la consoler, « il sera bien traité au Jard... »

Elle n'acheva pas sa phrase, car Tambo grandit subitement de cinquante centimètres et grossit de presque cent kilos ! Impossible de franchir la porte ! La famille se rassembla. Tambo était devenu un éléphant adulte, et cet éléphant adulte réclamait la banane. Il allongea la trompe, arracha le fruit des mains du père et poussa un fort barrissement de gourmandise qui fit trembler l'immeuble.

« Il va réveiller le quartier ! » s'inquiéta le père.

« Comment le sortirons-nous ? » se lamentait la mère. « Il est trop large pour nos portes, et nous ne pouvons pas le pousser par la fenêtre, puisque nous sommes au deuxième étage ! »

« Il faudra le découper en tranches ! » ricana le frère, histoire de faire enrager sa sœur.

« Je vais téléphoner aux pompiers », annonça le père.

Il passa dans le salon et décrocha l'appareil. On l'entendit appeler : « Allô ! Allô ! » et expliquer qu'il y avait « un éléphant dans la chambre de ma fille, et que... Non ce n'est pas une plaisanterie, mais l'éléphant est trop gros pour sortir de l'appartement et… Je vous jure que ce n'est pas une farce, c'est un éléphant qui était en peluche hier soir mais qui… Non, je n'ai pas bu une goutte d'alcool ; c'est un éléphant qui appartenait à ma fille, mais qui a grossi pendant la nuit et qui est vivant, je vous jure que je ne suis pas fou ». A la fin, il raccrocha le combiné et revint en soupirant :

« Ils croyaient que c'était un poisson d'avril. »

« Vont-ils venir ? » demanda la mère avec inquiétude, car Tambo grandissait encore, et en grandissant, son dos venait d'arracher le plafonnier, et son ventre d'enfoncer l'armoire. La tête du pachyderme touchait le plafond. L'animal coincé poussa un long barrissement : l'immeuble s'éveilla. Les fenêtres s'ouvraient à tous les étages. Les gens demandaient :

« Est-ce que c'est quelqu'un qu'on égorge ? »

« Est-ce que c'est un groupe de rock qui répète ? »

Le père descendit dans la rue en robe de chambre accueillir les pompiers. La mère essaya d'emmener ses enfants hors de la chambre, mais Elisabeth refusait de se séparer de son Tambo. Elle encerclait une grosse patte de ses petits bras nus, et l'éléphant avait posé sa trompe sur ses épaules en signe d'affection. La mère disait : « Ne reste pas là, Elisabeth. Tambo est dangereux. »

Des voix venaient de l'escalier. Le père fit entrer les pompiers et quelques voisins dans l'appartement. Tout ce monde fit halte dans le couloir à la vue de l'énorme éléphant.

« Saperlipopette ! » dit l'adjudant des pompiers. « Comment cette bête est-elle entrée ? »

« A Noël, il y a un an », répondit le père. « C'était un petit jouet. »

Les pompiers considéraient le lourd pachyderme. Par téléphone, l'adjudant réclama une grue et des sangles. On entendit bientôt un puissant moteur dans la rue : la grue arrivait. Son bras mécanique s'éleva jusqu'à la fenêtre de la chambre. De larges sangles y étaient arrimées.

« Allez-vous harnacher l'éléphant au moyen de ces sangles ? » se renseigna la mère.

« Oui madame. Il ne sentira rien, rassurez-vous. »

Les pompiers se faufilèrent dans la chambre entre les pattes de Tambo. Ils ouvrirent la fenêtre, attrapèrent les sangles, les passèrent sous le ventre de l'éléphant et les verrouillèrent. Tambo était solidement ceinturé.

« Maintenant », dit l'adjudant à Elisabeth, « voudrais-tu amener ton animal auprès de la fenêtre ? »

En séchant ses larmes, Elisabeth attira Tambo par la trompe. La grosse bête se retourna dans la chambre, arracha le bureau au passage, piétina le lit, se cogna la tête au plafond et fit tomber une large plaque de plâtre. Deux pompiers étaient déjà sur le balcon pour diriger la manœuvre ; ils donnèrent le signal au pilote de la grue dès que Tambo se trouva devant la fenêtre. Les sangles furent soudain tendues par l'élévation du bras métallique.

L'éléphant fut soulevé. Surpris de ne plus toucher terre, il fit entendre un barrissement. La grue l'emporta par-dessus le balcon.

« N'aie pas peur, Tambo ! » lui criait Elisabeth.

Suspendu dans le vide, le pachyderme tournait lentement sur lui-même. L'adjudant entraîna tout le monde au pied de l'immeuble. L'éléphant achevait sa descente quand ils débouchèrent dans la rue.

« Tambo ! Mon gentil Tambo ! » criait Elisabeth. « N'aie pas peur ! Je suis là ! »

On détela l'animal. Des employés du Jardin des Plantes venaient d'arriver en camion. Ils y firent grimper l'éléphant, et le camion démarra. Elisabeth agitait la main et pleurait. Les curieux refermaient les fenêtres puisque le spectacle était terminé.

« C'est injuste ! Snif ! » reniflait Elisabeth en remontant dans sa chambre avec ses parents. « Tambo ne faisait de mal à personne ! C'est injuste ! Snif ! »

La famille se recoucha. Le père éteignit la lumière. Elisabeth pleurait, inconsolable, elle avait de nouveau un très gros chagrin. Sa mère l'embrassa et lui tendit son nounours en peluche :

« Tiens », dit-elle. « Et dors vite. »

Elisabeth coucha l'ours en peluche auprès d'elle. Elle avait de la peine, beucoup de peine. Elle expliquait à son nounours que Tambo s'en était allé pour toujours et que c'était injuste ! Elle pleurait tellement que le nounours lui passa sa langue sur les joues pour sécher ses larmes. Alors la fillette alluma la lumière. Le nounours la dévisageait d'un petit air fripon en agitant ses pattes antérieures. Il était vivant et vraiment mignon. Mais il grandissait de façon inquiétante…

L'inventeur

« Il n'y a pas d'eau », disait le père.

« Ça ne fait rien », disait Hadrien.

« Il ne voguera pas », disait le père.

« Ce n'est pas un bateau », disait Hadrien.

Puis le père partit réfléchir dans les rues. Les réponses du fils le turlupinaient. Il revint bientôt :

« D'abord, fils », dit-il, « tu ne sais pas nager. »

« Il n'y a pas d'eau », rappela Hadrien.

« C'est juste », admit le père.

Mais il n'était pas tranquille pour autant. Depuis ce matin, le fils s'était enfermé dans le garage, après avoir arraché aux parents la promesse de ne pas le déranger. On entendait BANG ! BANG ! BANG ! et SCRR... SCRR... : coups de marteau et morsures de scie.

« Il bricole », disait le père.

« Il se tape sur les doigts », disait la mère.

Alors le père était allé jusqu'au garage et il s'était penché pour mettre l'œil au trou de la serrure. Il était revenu, amusé :

« On dirait qu'il fabrique un bateau. »

« A Paris ? » avait dit la mère étonnée.

Le père était retourné devant le garage. Il avait posé sa bouche sur le trou de la serrure et il avait dit :

« Même s'il pleut souvent à Paris, le déluge n'est pas pour demain. »

« J'espère bien », avait répondu Hadrien sans cesser de jouer du marteau.

« A quoi sert de construire un bateau ? » avait demandé le père.

« Ce n'est pas un bateau. »

« Qu'est-ce que c'est ? »

Mais le fils n'avait pas répondu. Le père était rentré bredouille à l'appartement.

« Qu'est-ce qu'il fait ? » avait demandé la mère.

« Je ne sais pas. »

Alors les parents ne bougèrent plus. Le soir, au lieu de regarder la télévision, ils restèrent à la fenêtre à reluquer le garage. On voyait de la lumière briller par les interstices. La mère dit au père :

« Tu devrais grimper sur le toit. Tu regarderais par la cheminée. »

« Par la cheminée ? » dit le père.

Puis il estima que l'idée était bonne. Justement, une échelle était scellée au mur. Le père y grimpa quatre à quatre. Il se pencha au-dessus de la cheminée, mais il ne put voir qu'une espèce de tour de bois. Il appela l'enfant, qui leva la tête et dit :

« Tu te prends pour le Père Noël ? »

« Non. Qu'est-ce que tu fais, fils ? On dirait une tour ? »

« Presque. »

« Ça ne sert à rien de faire une tour », dit alors le père. « Il n'y a plus de châteaux forts à Paris depuis belle lurette. »

« Ça ne fait rien », répondit Hadrien.

Et il se remit à travailler du marteau et de la scie : BANG ! BANG ! BANG ! et SCRR... SCRR... Le père redescendit par l'échelle et regagna l'appartement. La mère l'attendait avec impatience.

« Il construit une tour en bois », annonça le père.

« Tu devrais lui conseiller d'aller au lit », suggéra la mère.

« Nous lui avons promis de le laisser finir son ouvrage », rappela le père.

« Mais il exagère », dit la mère.

Le père ressortit. Il toqua à la porte du garage : TOC ! TOC ! TOC !

« Fils », dit-il, « il est tard. Ne veux-tu pas aller dormir ? »

« Je n'ai pas le temps. »

« Bon », dit le père. « Nous, nous y allons. Réveille-nous dès que tu auras terminé. Bonne nuit. »

« Bonne nuit. »

Le père alla se mettre au lit. La mère ne pouvait pas se résoudre à l'imiter. Elle vint rôder près du garage. Elle essaya de regarder par le trou de la serrure, mais ne vit pas grand-chose. Elle appela son fils :

« Tu te fatigues à veiller si tard ! »

« Quand on entreprend un travail », répondit Hadrien, « il faut aller jusqu'au bout. Tous les inventeurs te le diront. »

« Ah bon », dit la mère.

Et elle se retira. Mais ni elle ni le père ne dormirent à cause du vacarme du marteau et de la scie. Ils se relevèrent. Ils regardèrent les étoiles par la fenêtre. Et bientôt, ils virent le soleil rouge pointer au-dessus du Panthéon. Le ciel mauve s'éclaircit.

Et soudain, le fracas du marteau se tut. Les parents, surpris par cet arrêt, entendirent alors une alouette chanter tout là-haut par-dessus les toits.

« Il... Il a fini ? » dit la mère avec espoir.

« Je crois que oui », dit le père.

Ils sortirent en enfilant une robe de chambre. Et juste comme ils arrivaient dans la rue, ils virent la porte du garage (la *petite* porte, celle pour les personnes) s'ouvrir, et le fils se montra et leur dit :

« Ah ! Parents ! Vous tombez à pic, car je vais avoir besoin d'aide ! »

Il les entraîna. Ils ouvrirent les deux hauts battants de la *grande* porte du garage. Le père et la mère découvrirent avec stupeur une construction bizarre avec des ailes : ça ressemblait à un vieux moulin à vent sur quatre roues.

« Qu'est-ce que c'est ? » demanda la mère. « Un moulin ? »

« Non », dit Hadrien. « Aidez-moi. »

Ils poussèrent l'engin jusque dans la rue Cardinal-Lemoine qui était en pente. L'appareil était plus haut que le premier étage des immeubles, avec ses grandes ailes. Le fils leva un doigt en l'air après l'avoir mouillé de salive. Un petit vent nerveux se levait sur la capitale et chassait les dernières brumes de l'aube.

« Le vent est favorable », dit l'enfant. « Aidez-moi à placer le chariot dans le bon sens. »

« Mais ? » dit le père en aidant son fils. « Ça ne sert à rien de faire un moulin à vent. Il y a longtemps que les derniers moulins ont disparu de Montmartre et de Paris. Personne ne t'apportera de grain à moudre! »

« Ça ne fait rien », dit Hadrien. « Mon moulin n'a pas de meule. »

« A quoi sert-il donc? » demanda le père.

Mais le fils entra dans sa tour de bois et s'y installa confortablement.

« A présent », dit-il, « je vais aller me promener. »

« Comment cela? » demanda le père.

« Où vas-tu? » demanda la mère.

« Faire un tour », dit le fils.

« Où? » dit le père.

« Je ne sais pas. La Terre est immense. »

Puis le fils fit signe aux parents de reculer:

« Je vais libérer les ailes », dit-il. « Ecartez-vous. »

Et il fit ce qu'il disait. Les grandes ailes frémirent sous un coup de vent taquin. Elles se mirent en branle.

« Elles... Elles tournent! » s'écria la mère avec étonnement.

Les grandes ailes brassaient l'air de plus en plus vite.

« Attention! » dit Hadrien. « Je vais libérer les pistons! »

« Attends! » dit la mère. « Quand reviendras-tu? »

« Quand le vent le voudra! » répondit le petit inventeur.

Et il libéra le mécanisme qui reliait l'axe des ailes aux pistons. On vit les ailes forcer. Les pistons bougèrent, débloquèrent les roues. Le « moulin » avança ! Le père et la mère marchaient à côté sur le trottoir. Des curieux matinaux ouvraient les fenêtres...

« Tu nous écriras ? » demanda le père.

« Je vous enverrai des cartes postales ! »

« Prends bien soin de toi, fils ! » recommanda la mère.

Elle était forcée de crier ses conseils pour se faire entendre, car le véhicule fantastique avait pris de la vitesse dans la rue en pente. Les parents coururent un petit moment derrière lui avant d'être distancés. Alors, ils s'arrêtèrent, essoufflés, en hochant la tête. Le chariot s'éloignait comme un moulin d'autrefois qui s'en serait allé en vacances. Il agitait ses bras en signe d'adieu.

Et le soleil se levait sur Paris doré à perte de vue.

L'enfant qui faisait pleuvoir

Quand la petite Lola n'était pas contente, elle passait la main derrière ses oreilles, et il pleuvait. Tout le monde le savait dans la classe. Les élèves disaient :

Alice-la-Grande : « S'il te plaît, Lola, ne fais pas pleuvoir ! »

Marion-la-Finaude : « Si tu fais pleuvoir, fais pleuvoir la nuit ! »

Alice-la-Coquette : « Fais pleuvoir ailleurs ! »

Julie : « En Afrique ! Ils ont tant besoin d'eau ! »

« Il faudrait lui mettre des dix », déclarait Romuald au maître. « Elle serait contente et il ferait beau. »

Mais le maître refusait de mettre dix à des exercices qui ne le méritaient pas.

« D'ailleurs », disait Elisabeth, « ce serait injuste. »

« Et ça ne me contenterait pas », ajoutait Lola, « parce que je ne l'aurais pas mérité. »

Un matin, la veille des grandes vacances, il faisait un temps magnifique et Lola n'était pas en classe. Les élèves souriaient : « Il va faire beau », pensaient-ils. Ils faisaient des projets :

« J'irai à la montagne ! » annonçait Sandra. « Je me promènerai par les chantiers. » (Ce n'est probablement pas ce mot-là qu'elle voulait dire.)

« Moi aussi ! » faisait Jennifer. « Et j'irai à la Mer de Glace et j'en mangerai une à la vanille ! »

« Moi, j'irai au bord de la mer ! » déclarait Laurent-des-Antilles. « J'attraperai des cruches cassées ! »

Il voulait dire « des crustacés », et les élèves

riaient, quand, hélas ! la petite Lola arriva. Elle était en retard parce que le réveille-matin des parents n'avait pas sonné. Elle était de mauvaise humeur.

« Aïe ! Aïe ! Aïe ! » murmura M. Lebois. « Ça va se gâter ! »

« Aïe ! Aïe ! Aïe ! » murmurèrent les élèves. « Ça se gâte déjà ! »

Des nuages commençaient de flotter dans le ciel. Hélas ! Hélas !

Lola fut interrogée en récitation. Et puisqu'elle était partie précipitamment de chez elle, elle n'avait pas eu le temps de revoir sa poésie, comme elle le faisait d'habitude avec son père. Elle se trompa trois fois. Aïe ! Aïe ! Aïe ! Le maître n'osait pas annoncer la note. Il murmura « sept » d'une voix si faible que si les élèves n'avaient pas tendu l'oreille, ils n'auraient sûrement rien entendu. Le silence était grand dans la classe. Et tout de suite, Lola regagna sa place en serrant les poings. Elle se laissa tomber en grommelant sur son siège et passa la main derrière ses oreilles, et que je te passe et que je te passe !

« Les vacances sont foutues ! » dit Cyril.

D'épais nuages noirs masquaient le ciel. Les premières gouttes de pluie tombèrent.

« Nous n'aurons encore pas de récréation aujourd'hui ! » s'écria Sarah qui aimait bien jouer.

« Tout ça pour un sept ! » protesta Sandra. « Pourtant, sept, c'est pas mal ! » (Pour elle oui ; mais pas pour Lola.)

Tout le monde suppliait la fillette :

« Lola ! Pense à nous ! » imploraient Anne-Lise et Elisabeth.

« Sois contente ! » s'écriait Charlotte. « Pense à quelque chose d'agréable ! »

« Je ne suis pas contente ! » grondait Lola.

On fit l'exercice d'orthographe, le dernier de l'année. Il était facile, il s'agissait de savoir si dans les phrases proposées par le maître, il fallait écrire ET ou EST. Mais hélas ! Mille fois hélas ! La petite Lola, qui était partie en retard de chez elle, avait oublié son cahier du jour à la maison ! Elle s'énervait !

« Aïe ! Aïe ! Aïe ! » dit le maître.

« Et voilà le travail ! » fit Patrick.

« Où est mon cahier ? » grondait Lola. « Je ne le trouve pas ! Où est-il ? »

Et que je te passe la main derrière l'oreille, et que je te passe et que je te passe ! Les gros nuages noirs crevaient en averses bruyantes ! On ne voyait même plus les maisons d'en face !

« Fais l'exercice sur ton cahier de brouillon ! » proposa le maître.

Mais hélas encore ! La fillette était si contrariée qu'elle ne fut pas attentive et qu'elle écrivit : « Le chat ET un mammifère. » Lourd silence dans la classe ! Tout le monde était suspendu aux lèvres du maître. Il se racla la gorge et dit : « neuf ».

Misère ! Lola trépignait. Elle jeta le cahier dans son casier.

« Aïe ! Aïe ! Aïe ! » fit le maître.

« Pauvres de nous ! » s'écrièrent les enfants.

« Dire qu'on a laissé les parapluies à la maison ! » soupira Marion-la-Mignonne.

Mais Cynthia levait le doigt :

« J'ai une idée ! Si on lui faisait plaisir ? »

« On ferait mieux de lui attacher les mains ! » grommela Hadrien.

« Ou de lui couper les oreilles ! » bougonna Matthieu.

« On n'a qu'à lui donner des choses ! » dit Céline. « Ça lui fera plaisir ! »

« Ouais ! » s'écria Laurent-des-Antilles.

Et comme il avait bon cœur, il apporta un gâteau à Lola. Mais elle le repoussa :

« Non merci. »

Il n'insista pas et le mangea. D'ailleurs, le maître déclara qu'il n'était pas d'accord pour qu'on « achète » le contentement de Lola avec des friandises.

« Elle ne sera réellement contente », dit-il, « que si elle le mérite ! Tant pis pour les vacances ! »

On fit de la conjugaison. Des élèves allaient au tableau. Lola levait le doigt elle aussi, mais le maître n'osait l'interroger de peur d'aggraver la situation. Alors elle n'était pas contente, ce qui l'aggravait quand même. Elle passait la main derrière les oreilles et les nuages noirs s'éventraient. Le vent crachait la pluie en bourrasques sur les vitres de la salle de classe. Le tonnerre s'en mêla et gronda.

Des éclairs fendirent la purée noire du ciel. Dans la cour, il y avait déjà dix centimètres d'eau.

« Bon. Lola au tableau », dit le maître.

La classe retint son souffle. Pourvu que le maître lui propose un verbe facile !

« Choisis le verbe que tu veux conjuguer », dit le maître.

La classe respira, soulagée. Lola choisirait certainement un bon petit verbe gentil du premier groupe *(vous savez, ceux qui se terminent par ER à l'infinitif)*. Elle saurait sûrement le conjuguer, elle serait contente ! Hélas ! Hélas ! Des milliers de fois hélas ! La petite Lola n'aimait pas la facilité. Elle choisit le verbe vouloir au futur, *une saleté de verbe du troisième groupe,* compliqué comme ce n'est pas possible, et elle écrivit au tableau :

« *Je vouderai, tu vouderas, il voudera, nous vouderons, vous vouderez, ils vouderont.* »

Grand silence. La classe attendait le verdict du maître. Il barra les « e » inutiles :

« *Je voud~~e~~rai, tu voud~~e~~ras, il voud~~e~~ra, nous voud~~e~~rons, vous voud~~e~~rez, ils voud~~e~~ront.* »

Et Lola fronçait les sourcils et grinçait des dents. Et les nuages craquèrent de plus belle. La tempête enveloppait l'école.

« Pourquoi qu'elle a choisi un verbe si difficile ? » protestait Sarah.

« Elle nous embête ! » s'écria Sandra. « Elle n'est jamais contente ! »

Lola se mit à pleurer en regagnant sa place.

« Laissez-la tranquille ! » s'écria Emilie approuvée par la plupart des filles – mais pas par les garçons.

« Ne pleure pas », dit le maître en venant caresser les cheveux de Lola. « Ce n'est pas grave. »

Mais Lola pleurait, sanglotait, bredouillait des choses qu'on ne comprenait pas.

« Que dit-elle ? » demanda le maître.

« Elle dit que c'est la faute au réveille-matin », répondit Julie, sa voisine. « Parce que la journée a mal commencé. »

Naturellement, la récréation fut supprimée. Le temps était épouvantable, à ne pas mettre un enfant dehors. Les nuages vomissaient des rivières de pluie et le tonnerre lançait des canonnades sur les toits. Dans la cour de l'école, il y avait trente centimètres d'eau. Les enfants étaient tristes, tristes.

Pour les divertir, le maître proposa un petit problème amusant. (Je vous le livre. Essayez de le faire à vos moments de loisir : « *Etant donné qu'un joueur de rugby demi de mêlée coupe les cheveux en quatre à propos de trois fois rien, trouvez l'âge du demi-frère du demi de mêlée !* »)

Les élèves riaient, oubliaient un peu leurs malheurs. La petite Lola elle-même avait relevé la tête et souriait à travers ses larmes.

« Et si nous dessinions ? » dit le maître.

Les élèves aimaient dessiner.

« Je vous propose de dessiner », dit le maître, « ce que vous comptez faire demain. »

Tu parles ! Les élèves souriaient en haussant les

épaules parce que le maître se moquait d'eux. « Avec ce temps-là », grognaient-ils, « on restera tous devant la télévision ! » Mais la petite Lola s'était déjà mise à l'ouvrage et le maître la montra du doigt à ses camarades bougons. Ils comprirent et se mirent au travail. Tous dessinaient. Certains se mordillaient les ongles, d'autres s'enfonçaient le doigt dans le nez. Et comme d'habitude, Hadrien, le dessinateur, faisait des merveilles.

« Ne laissez pas de blanc ! » recommandait le maître. « Pensez au décor ! Précisez les détails ! Imaginez ! »

Tous travaillaient. On voyait Lola sourire au fur et à mesure qu'elle crayonnait. Et les nuages s'entrouvraient dans le ciel. La pluie faiblissait. Le maître circulait dans les rangs, donnait des conseils, suggérait des corrections ou des solutions. Les nuages se dissipaient. La pluie s'apaisait quand la petite Lola montra son dessin. Il représentait une fillette (Lola, forcément) avec sa maman dans un magasin. La fillette achetait une robe rose (car c'était justement ce qu'elle devait faire le lendemain avant de partir en vacances). La vendeuse était derrière elle. On voyait aussi des mannequins et un miroir, et des clientes en retrait. A travers la vitrine, on apercevait une rue. Le maître approuva.

« Très joli ! Mais ce dessin n'est pas équilibré, il reste un blanc trop important en haut à droite. »

« Il faudrait que je dessine quelque chose ? » dit Lola. « Mais quoi ? »

« Je ne sais pas. Cherche. »

La fillette était songeuse. Soudain, un large sourire éclaira son visage : elle avait trouvé ! Elle attrapa son crayon jaune. Tout le monde attendait anxieusement. Elle posa tout à coup le crayon, et regarda son dessin à bout de bras. Dehors, les nuages s'en allaient, la pluie avait cessé. La fillette se leva, apporta son dessin au maître. Les élèves accoururent pour le contempler. Il était beau, et surtout, dans le coin à droite, elle avait trouvé ce qui manquait : un soleil rond, et jaune comme un écu d'or.

Et dehors, il faisait un temps splendide. La classe se remit à faire des projets de vacances joyeusement :

« J'irai à la campagne ! » s'écriait Marion-la-Mignonne. « Je cueillerai des coquelicots et des margarines ! » (Hum.)

« Moi aussi ! Moi aussi ! » criaient les enfants. Emmanuel voulait se bâtir une cabane dans les bois, Julie ferait du bateau, Hélène de la plongée sous-marine (de la plongée sous-narine, comme disait Patrick pour rire), et Laurent-des-Antilles de la planche à poil. Il devait encore se tromper de mot, et divertissait la classe sans savoir pourquoi. « Ben ? Qu'est-ce que j'ai dit ? » demandait-il. Seul Jean-Eric ne parlait pas. Il ne parlait jamais, ce petit bonhomme-là. Gentil et silencieux.

« Que feras-tu, Jean-Eric ? » lui demanda le maître.

« Je vais vider la mer parce qu'il y a trop d'eau. »

Les élèves riaient.

« Avec une paille? » demanda Benjamin.

« Et deux cubes de glace? » ajouta Patrick.

Jean-Eric ne répondait pas. La classe riait. Laurent-le-Malin imaginait à haute voix la mer soudain vidée et Tabarly, le navigateur solitaire, obligé de finir sa croisière à pied! Ah! Ah! Ah! Lola se réjouissait comme les autres, et le soleil riait avec elle.

Ce soir, tous quitteraient l'école. M. Lebois souriait, un peu mélancolique tout de même à l'idée de se séparer de ses élèves. Mais, comme dit toujours la vieille dame aux pigeons: un peu d'imprévu dans la vie n'a jamais fait de mal à personne...

Ma cassette s'achevait. La vieille dame parlait encore:

« Voulez-vous que je vous raconte l'aventure de Céline qui changeait de couleurs pour cause d'allergie? Ou celle d'Alice-la-Coquette qui collectionnait les monuments? Ou encore celle de Jennifer qui guérissait les malades? A moins que vous ne préfériez celle de Marion-la-Mignonne qui sait faire parler mes pigeons? C'était un matin à l'école et... »

La vieille dame s'interrompit et me fit reculer dans une encoignure.

« Silence! »

« Qu'y a-t-il? »

On entendait une plainte lugubre comme celle du vent dans la cheminée.

« Ce sont les fantômes! Ne bougez pas! Ils donnent une leçon d'histoire de France à Patrick! »

Je les vis passer. Ils étaient trois, en suaire blanc avec des chaînes. Un petit garçon bavardait avec eux. Au passage, je compris quelques paroles d'un fantôme: « C'est la faute à Richelieu, parce qu'en 1627, il venait souvent dans le quartier. Je l'ai personnellement rencontré après le duel de Montmorency-Bouteville. Il m'a déclaré qu... »

Le groupe s'éloigna vers la place de la Contrescarpe.

« Il a de la chance, ce garçon », murmurai-je.

La vieille dame aux pigeons hocha la tête:

« Vous avez peut-être raison, mais... »

Elle s'interrompit et me cria :

« Cachez votre machin-truc-chouette ! »

« Hein ? »

« Trop tard ! Emmanuel arrive et il vous a vu ! Ah ! Il ouvre la bouche ! »

« Et alors ? »

« Alors, vous croyez peut-être qu'il ouvre la bouche pour gober les mouches ? Moi je vous parie un paquet de graines contre une bouteille de jus de pamplemousse qu'il vient de dérégler votre machin-truc-chouette ! »

L'enfant se retirait. Je regardai mon magnétophone. Saperlipopette ! La cassette tournait à l'envers et à toute vitesse ! Je me mis sur écoute, et voilà ce que j'entendis :

« Bagerclougistradominocubertinadoripesmaticlobu... »

« Et voilà le travail ! » dit la dame aux pigeons. « Je vous avais prévenu ! »

Effacée, ma cassette ! Des mots sans suite à la place des belles histoires que je voulais raconter ! Misère ! La vieille dame aux pigeons était allée lancer des graines à ses chers oiseaux, et moi, je restais là comme un nigaud, à écouter cette ridicule cassette :

« Fortibuladinosoxincgarigoutardicomélimolégranou... »

Saperlipopette ! Je m'en vais ! Je vous embrasse quand même.

Post-scriptum. Il paraît que Jean-Eric s'entraîne à boire l'eau de la mer. Si vous constatez pendant les vacances qu'il n'y a plus d'eau sur les plages, ne cherchez pas : ce sera lui le fautif!